Geschichtensäckchen

~Spielerische Sprachförderung in Krippe und Kita~

Die schönsten Geschichten für eine interaktive Sprachentwicklung durch aktives Zuhören und kommunikativen Austausch

Katharina Albers

Email: info@edition-lunerion.de
www.edition-lunerion.de

Psiana eCom UG
Berumer Str. 44
26844 Jemgum

INHALTSVERZEICHNIS

Vorwort

Soziale Einrichtungen wie die Krippe und auch der Kindergarten haben zusätzlich zu ihrem erzieherischen Auftrag einen ganz klar definierten Bildungsauftrag. Innerhalb dieses Bildungsauftrags stellt die Sprachförderung einen wichtigen und bedeutsamen Part dar.

Die sprachliche Entwicklung der Kinder ist für ihren gesamten weiteren Lebensverlauf von großer Bedeutung und bedarf deshalb auch einer gezielten und intensiven Förderung. Diese Förderung sollte jedoch insbesondere im frühkindlichen Entwicklungsbereich alltagsintegriert, zwanglos und vor allem spielerisch durchgeführt werden.

Eine sehr effektive und dennoch sehr freie und Spaß bringende Methode zur Sprachförderung im Krippen- und Kita-Bereich stellt das Geschichtensäckchen dar. Hierbei wird spielerisch und alltagsintegriert das aktive Zuhören, das bewusste Zusehen sowie das fokussierte Erleben gefördert und zudem die Freude an der Sprache geweckt und der kommunikative Austausch angeregt. Im folgenden Verlauf dieses Ratgebers erfahren Sie alles, was Sie über die Entwicklungsförderung, mit besonderem Fokus auf die Sprachförderung, wissen müssen, und lernen, wie Sie die Methode des Geschichtensäckchens zielorientiert und erfolgreich einsetzen können. In diesem Sinne:

Viel Spaß und viel Erfolg mit diesem Buch!

Lasst uns eine Geschichte erzählen…

Das Geschichtensäckchen geht auf. Heraus purzeln eine Geschichte, eine kleine Schnecke aus Plüsch, einige Früchte aus Holz sowie knisternde Blätter und bunte Stoffe. Gespannt beäugen die Kinder die Materialien und fragen sich, was es damit auf sich hat. Wieso ist die Schnecke da? Erlebt sie ein Abenteuer? Wohnt sie auf einer Obstwiese? Hat die Schnecke vielleicht Hunger und wird die Früchte essen? Die Neugier der Kinder ist geweckt und die Fantasie beginnt bereits, freien Lauf zu nehmen…

Das Geschichtensäckchen ist eine beliebte pädagogische Methode zur gezielten und vor allem spielerischen Entwicklungsförderung von Kindern im Krippen- und Kindergartenalter. Hierbei liegt der Fokus auf dem Erwerb von emotional-sozialen Kompetenzen, der Gefühlszuordnung sowie Empathie-Entwicklung und insbesondere auf der Sprachförderung. Das Geschichtensäckchen ermöglicht hierbei eine Form der Förderung, die komplett in den Alltag der Kinder integriert und somit kaum als solche wahrgenommen wird. Der zwanglose, freie und spielerische Charakter dieser Methode stellt eine vielseitig nutzbare und besonders effektive Möglichkeit zur Erarbeitung bestimmter Themenbereiche sowie der gezielten Förderung verschiedener Entwicklungs- und Sprachbereiche dar.

Entwicklungsförderung in Krippe & Kita

Kinder entwickeln sich schnell. Ein Kind möchte die Welt erleben, verstehen und seinen Platz darin finden. Diese Entwicklung wird durch den eigenen Antrieb der Kinder und der Interaktion mit ihrer Umwelt beeinflusst. Dieses Wechselspiel formt unaufhörlich die Wahrnehmung und Entwicklung jedes Kindes und prägt es in seinem Denken und Handeln nachhaltig.

Einen wichtigen Teil dieser prägenden Umwelt stellen auch soziale Einrichtungen wie die Krippe, die Kita oder die Schule dar. Bereits im frühkindlichen Altersbereich werden hier die ersten und elementaren Erfahrungen und Erkenntnisse gemacht und gesammelt. Diese prägen die gesamte spätere Entwicklung maßgeblich. Einige dieser Säulen der Entwicklungsförderung liegen beispielsweise im Bereich der Entwicklung von emotional-sozialen Kompetenzen, des Erkennens und Erlebens der eigenen Gefühlslage und daraus resultierend auch der Empathiefähigkeit. Darüber hinaus hat auch die Sprachförderung auf verschiedenen Ebenen einen hohen Stellenwert, weshalb diese Kernkompetenzen nachfolgend näher erklärt und aufgeschlüsselt werden.

EMOTIONAL-SOZIALE ENTWICKLUNG: SOZIALE KOMPETENZEN STÄRKEN

Wenn Kinder beginnen, eine soziale Einrichtung in Form einer Krippe oder Kindertagesstätte zu besuchen, stellt dieser Besuch für die Kinder häufig die erste, regelmäßige Interaktion mit Menschen außerhalb der eigenen Familie dar. Diese Interaktion im zwischenmenschlichen Bereich, insbesondere mit gleichaltrigen Kindern, ist besonders wichtig, da hierbei sowohl soziale als auch emotionale Kompetenzen erworben und trainiert werden. Diese wiederum legen den Grundstein für das spätere Sozialleben. Aus diesem Grund ist es von besonderer Relevanz, dass Kinder diese Kompetenzen gezielt erlernen und spielerisch sowie alltagsorientiert trainieren, um sich so im täglichen Umgang miteinander weiterbilden zu können. Gerade zu Beginn fällt es einigen Kindern sehr leicht, sich in neue Gruppen einzufinden, während andere Kinder sich mit sozialen Kontakten und dem damit verbundenen Austausch schwertun. Dieser Austausch, das soziale Miteinander, sowie die gesamte zwischenmenschliche Interaktion hängen von verschiedenen Faktoren ab und müssen von den Kindern erlernt und erlebt werden. Nur das wiederholte Erleben hilft dabei, herauszufinden, welches Verhalten in welcher Situation angemessen ist und auch in gewisser Weise innerhalb der Gruppe erwartet und akzeptiert wird. So stellen sich den Kindern ganz automatisch Fragen wie:

- Wie teile ich anderen mit, was ich gerade benötige?
- Wie drücke ich aus, was ich fühle?
- Wie gehe ich mit bestimmten (Konflikt-) Situationen um und wie bekomme ich gegebenenfalls die passende Hilfe?

Die Entwicklung der emotional-sozialen Kompetenzen ist also zwangsläufig an einen Austausch mit einer Mehrzahl an verschiedenen Mitmenschen gekoppelt und kann nur in diesem Umfeld erlernt, geübt und weiterentwickelt werden. Je geschulter und ausgeprägter diese sozial-emotionalen Kompetenzen sind, desto leichter fällt es den Kindern, sich später in anderen sozialen Einrichtungen, wie beispielsweise in der Schule oder in Vereinen, einzuleben und in die Gemeinschaft einzufinden. Darüber hinaus ist eine gut ausgebildete sozial-emotionale Entwicklung für das gesamte Leben eine wertvolle Kernkompetenz. Sie ist sowohl im Beruf als auch im Privaten von Vorteil und wird im Alltag stetig trainiert und weiterentwickelt.

EMPATHIE ENTWICKELN

Eine weitere wichtige Kompetenz, die Kinder im Krippen- bzw. Kindergartenalter zunächst noch kennenlernen und verstehen müssen, ist Empathie bzw. der richtige Umgang mit den eigenen Emotionen und auch mit den Gefühlen anderer. Vor allem kleinere Kinder stellt dies häufig vor eine schwere Aufgabe, da sie die eigenen Gefühle weder zuordnen noch begreifen oder benennen können. **Kinder fühlen Emotionen in der Regel ungefiltert, ehrlich und sehr intensiv.** Diese starken Emotionen richtig und korrekt zu benennen, fällt schwer, selbst, wenn sie es theoretisch sogar schon können. Gerade für Außenstehende kommen diese Gefühlsausbrüche dann häufig unerwartet und können teilweise nicht nachvollzogen oder ihrem Ursprung zugeordnet werden. Auch der Ursprung sowie die Ausdrucksweise unterscheiden sich in ihrer Form und Intensität von Kind zu Kind, weshalb Emotionen auch nicht pauschalisiert und verallgemeinert werden können. Da Emotionen so individuell sind, ist es umso wichtiger, dass Kinder möglichst früh den richtigen Umgang mit ihren eigenen Gefühlen sowie den Gefühlen anderer lernen. Hierzu gehört, die Emotionen und deren Ursprung identifizieren zu können. Außerdem erlernen die Kinder in einem sozial geprägten Umfeld auch den richtigen Umgang mit den eigenen Emotionen und trainieren teilweise, diese zu kontrollieren, ohne sie dabei zu unterdrücken.

Ein Beispiel:

Ein Kind wird von anderen Kindern bei einem gemeinsamen Spiel ausgeschlossen. Dieses Kind empfindet nun Trauer und vermutlich auch Wut über die Zurückweisung durch die anderen Kinder. Nun ist es wichtig, dass besagtes Kind seine eigenen Gefühle benennen, ihren Ursprung zuordnen und dies anschließend auch kommunizieren kann: *„Ich bin wütend, weil ich nicht mitspielen darf.“*

An diesem Punkt ermöglichen das Erkennen, Benennen und Zuordnen zudem eine Kontrolle über die eigenen Emotionen. Sie ermutigen das Kind dazu, den Weg der Kommunikation zu wählen, statt beispielsweise zu weinen oder die anderen Kinder zu hauen. Hierdurch werden die Emotionen zwar gezielt kontrolliert, jedoch nicht unterdrückt, was zu einer positiven Wendung im Handlungsverlauf führen kann.

Sobald Kinder die eigenen Gefühle bewusst erleben und verstehen können, beginnt auch die Empathie untereinander zu wachsen. Das Bewusstsein über die eigenen Emotionen ermöglicht es erst, sich gezielt in die Mitmenschen hineinzuversetzen, um auch deren Emotionen und Gefühle nachempfinden zu können.

Die Kinder haben an dieser Stelle aus ihrem eigenen Erleben gelernt und wissen, wie sich bestimmte Emotionen anfühlen – auch, wie sich die verschiedenen Gefühle äußern können. Sie können aufgrund von Gestik, Mimik und Sprache zuordnen, wie sich ihre Mitmenschen in bestimmten Situationen fühlen, und sich in dieses Empfinden hineinversetzen, da sie es durch die Sprache oder die Ausdrucksweise verstehen, eigene Erlebnisse darin wiedererkennen und die Gefühle nachfühlen können. Diese Empathie, also das bewusste Hineinversetzen in die emotionale Situation eines Mitmenschen, hilft den Kindern dann in der sozialen Interaktion.

Am eben genannten Beispiel würde sich dies wie folgt zeigen:

Ein Kind wird von anderen Kindern bei einem Spiel ausgeschlossen. Das betroffene Kind ist daraufhin traurig und wütend und kann diese Gefühle den anderen Kindern gegenüber gezielt benennen und zum Ausdruck bringen. Die anderen Kinder haben dadurch die Möglichkeit, sich bewusst in die Gefühlslage des betroffenen Kindes hineinzuversetzen, und können die Emotionen Trauer und Wut auf Grundlage von eigenen Erlebnissen nachvollziehen sowie nachempfinden. Da sie nun wissen, wie das ausgeschlossene Kind sich fühlt, entscheiden sie sich dazu, gemeinsam eine Lösung zu finden. So können alle Kinder der Gruppe wieder glücklich sein und gemeinsam ein anderes Spiel auswählen, bei dem alle zusammen spielen können. Dieser Konflikt ist nur ein Beispiel und zeigt dennoch stellvertretend sowohl negativ als auch positiv konnotierte Situationen auf, in denen der Umgang mit den eigenen Emotionen von bedeutender Relevanz für ein ausgeglichenes, harmonisches und stabiles soziales Miteinander ist.

SPRACHFÖRDERUNG: WORTSCHATZERWEITERUNG & MEHR

Sowohl die Krippen als auch Tagespflegestellen und Kindergärten haben nicht nur einen Erziehungsauftrag, sondern genauso einen explizit definierten Bildungsauftrag. Hierunter fallen unter anderem auch die Beherrschung der deutschen Sprache sowie die Fähigkeit zur Kommunikation und Interaktion. Diese Kernkompetenzen sind für das spätere Leben essenziell und bilden den Grundstein für den gesamten späteren Verlauf sowohl im schulischen und beruflichen als auch im gesellschaftlich-sozialen Umfeld.

Kinder, die sich sprachlich ausdrücken können, die Lautbildung beherrschen und einen korrekten Satzbau verwenden, haben innerhalb ihrer schulischen Laufbahn nachweislich weniger Probleme, Lesen und Schreiben zu lernen. Wie bereits erwähnt, ist es auch im sozial-emotionalen Bereich von besonderer Wichtigkeit, sich mit Hilfe der Sprache richtig und differenziert ausdrücken zu können. Aus den genannten Gründen ist die **Sprachförderung im frühkindlichen Bereich enorm wichtig**. Hierbei werden unter dem Begriff der Sprachförderung sämtliche Methoden zusammengefasst, deren Ziel es ist, die Sprache als solche zu fördern. Ferner soll das zu fördernde Kind dazu befähigt werden, altersgerechte Kompetenzen in Bezug auf die jeweilige Sprachentwicklung zu erwerben, um auf langfristige Sicht die Muttersprache bzw. Landessprache fließend in Wort und Schrift zu beherrschen und die Laut- sowie die Satzbildung und die Grammatik korrekt anzuwenden.

Die frühkindliche Sprachförderung im Krippen- und Kita-Bereich teilt sich daher in verschiedene Kern- und Feinziele. Eines der wichtigsten Ziele ist es, die Kinder sprachlich so vorzubereiten, dass sie bei Schuleintritt möglichst wenig bis gar keine Probleme im Bereich des Schriftspracherwerbs haben. Doch auch wenn der Schriftspracherwerb für den späteren schulischen Werdegang von elementarer Wichtigkeit ist, setzt die frühkindliche Sprachförderung weitaus früher an. Bei der frühen Sprachförderung geht es insbesondere darum, die Kinder zur Kommunikation zu motivieren, Sprechfreude zu vermitteln und somit den Wortschatz der Kinder spielerisch zu erweitern. Deutlich wird dies an einem Vergleich des Wortschatzes: Während ein Kind im Alter von drei Jahren einen aktiven Wortschatz von ca. 500 Wörtern besitzt, umfasst der aktive Wortschatz eines sechsjährigen Kindes bereits um die 2500 Wörter.

Diese Wortschatzerweiterung ergibt sich aus einer spielerischen und alltagsintegrierten Förderung. Im alltäglichen Miteinander gilt es, den Kindern den Wert von Sprache zu vermitteln und das Sprechen als solches anzuregen. Ebenso ist es wichtig, individuell und mit geeigneten Methoden und Medien gezielt die sprachliche Entwicklung der Kinder zu fordern sowie zu fördern. Weitere direkte Ziele der Sprachförderung sind unter anderem:

- eine Verbesserung der Lautsprache
- der Ausbau von grammatikalischen Fähigkeiten
- das Erkennen von Rhythmen in Bezug auf die Sprachmelodie
- die Vermittlung von Taktgefühl in Bezug auf die Lautbildung
- die Steigerung des Sprachverständnisses (zum Beispiel: die Fähigkeit, Gehörtes inhaltlich wiedergeben zu können, Lieder oder Reime auswendig zu lernen oder Fragen zu dem Inhalt einer Erzählung beantworten zu können)
- die Vermittlung von sprachlichen Fähigkeiten in Bezug auf den kommunikativ-sozialen Aspekt, um beispielsweise Konflikte bewältigen zu können

Neben den direkten Zielen der Sprachförderung profitieren auch andere Kompetenzbereiche auf eine indirekte Weise von gestärkter Sprach- und Ausdrucksfähigkeit. Darunter fallen beispielsweise auch die Konzentration, die Feinmotorik sowie diverse sozial-emotionale Kompetenzen, wie zum Beispiel die Frustrationstoleranz. Die Sprachförderung sollte deshalb insbesondere im frühkindlichen Bereich stets im Zusammenhang mit der allgemeinen pädagogischen Zielsetzung gesehen und praktiziert werden, damit die Kinder individuell in ihrer Entwicklung begleitet und in ihren Persönlichkeiten gestärkt werden. Durch diese Forderung und Förderung können die Kinder wichtige Kompetenzen erlangen, deren Erwerb auch langfristig dabei helfen kann, ein ausgeglichenes und selbstbestimmtes Leben innerhalb unserer Gesellschaft führen zu können.

Das Geschichtensäckchen

VOLL MIT ABENTEUERN & ÜBERRASCHUNGEN

Die Entwicklungsförderung ist somit im Krippen- und Kitabereich besonders wichtig und sollte demnach intensiv betrieben werden. Dennoch soll diese Förderung möglichst spielerisch und somit quasi „beiläufig" im Alltag stattfinden, ohne von den Kindern als Übung oder Training wahrgenommen zu werden. Eine geeignete Methode hierfür ist das „Geschichtensäckchen".

Das Geschichtensäckchen ist definitionsgemäß ein Stoffsäckchen, welches mit verschiedenen Materialien, wie beispielsweise Stoffen und Figuren, gefüllt ist, mit Hilfe derer eine vorher definierte Geschichte bildlich untermalt, weitergeführt oder erarbeitet werden kann. Das Geschichtensäckchen zählt daher zu einem wertvollen pädagogischen Hilfsmittel, um spielerisch diverse Kompetenzen im Bereich der kindlichen Empathie sowie der Sprachförderung zu stärken.

Das Geschichtensäckchen ist aufgrund seiner Wandelbarkeit vielseitig einsetzbar und kann beliebig an die Bedürfnisse und das Alter der Kinder angepasst werden. Bei Kindern, deren Entwicklungsalter zwischen 1 und 4 Jahren liegt, kann das Geschichtensäckchen genutzt werden, um die Geschichte bildlich darzustellen und sie spielerisch zu begleiten. Für Kinder im Entwicklungsalter zwischen 4 und 6 Jahren eignen sich darüber hinaus sogenannte Impulsgeschichten. Bei diesen Geschichten wird der Fokus insbesondere auf das kreative Weiterentwickeln der begonnenen Geschichte gelegt. Unabhängig von der Altersstufe hat das Geschichtensäckchen als solches die Hauptaufgabe, einen **positiven, kommunikativen und** insbesondere **kreativen Umgang mit Erzählungen** und Geschichten zu fördern und somit eine möglichst **spielerische, kindgerechte und alltagsintegrierte Sprachförderung** zu ermöglichen, um so emotional-soziale Kompetenzen zu fördern und emotionale Werte sowie Empathie zu stärken. Die Kinder bekommen durch das Geschichtensäckchen also die Möglichkeit, alltägliche Situationen und Handlungsabläufe sowohl auf kognitiver als auch auf emotionaler Ebene kindgerecht zu erleben und zu verarbeiten. Spielerisch trainieren sie hierbei ganz automatisch die allgemeine Sprache, erweitern ihren Wortschatz und üben die richtige Wortaussprache. Je nach Auswahl der Geschichte kann zudem das Begriffsverständnis gesteigert oder auch das Rhythmus- und Melodiebewusstsein ausgeprägt werden.

WIE FUNKTIONIERT DAS GESCHICHTENSÄCKCHEN?

Das Besondere an der Methode des Geschichtensäckchens ist die Verbindung von Sprache, in Form der erzählten Geschichte, und der spielerischen Begleitung und Darstellung, durch das ausgewählte Material in dem Geschichtensäckchen. Es findet demnach eine direkte Verknüpfung von Ton und Bild statt, sodass die Kinder die Geschichte nicht nur rein akustisch wahrnehmen, sondern ganz bewusst visuell und emotional erleben. Um dieses Erleben auch kindgerecht und alltagsnah anbieten zu können, ist es sinnvoll, die Arbeit mit dem Geschichtensäckchen dem Alter der Zielgruppe anzupassen. Hierbei spielt weniger das tatsächliche Alter der Kinder eine Rolle, sondern vielmehr das Entwicklungsalter. Je nach Entwicklungsstand unterscheidet man die Arbeit mit dem Geschichtensäckchen grob in zwei mögliche Formen:

- Entwicklungsalter zwischen 1 und 4 Jahren:

Die ausgewählte Geschichte im Geschichtensäckchen hat eine kurze, in sich abgeschlossene Handlung. Diese Handlung wird durch das ausgesuchte Material begleitet und nachgespielt, sodass die Kinder diese visuell erleben. Das Geschichtensäckchen stellt in dieser Form eine Art visuelle Unterstützung des Gehörten dar.

- Entwicklungsalter ab ca. 4 Jahren:

Die ausgewählte Geschichte im Geschichtensäckchen ist eine „Impulsgeschichte". Diese Impulsgeschichte, auch „Einstiegserzählung" genannt, bietet den Raum für Anschlussgedanken und kann darüber hinaus ein offenes Ende haben. Die Impulsgeschichte wird häufig durch einen Protagonisten begleitet, welcher in Form einer Figur, Puppe oder eines Stofftiers im Geschichtensäckchen vorhanden ist. Diese Figur begleitet den Einstieg visuell und führt auch anschließend weiter durch die sich entwickelnde Handlung. Die übrigen ausgesuchten Materialien umfassen in der Regel einige Alltagsgegenstände, die als Impulse dienen und den Kindern dabei helfen können, die Handlung nach eigenen Vorstellungen und Ideen weiterzuführen. Das Geschichtensäckchen fördert in dieser Form die kreative Weiterentwicklung einer Handlung bzw. Erzählung.

VOM DARSTELLENDEN ERZÄHLEN HIN ZUR PARTIZIPATION

In beiden Formen sollten neu eingeführte Geschichten zunächst ausführlich besprochen und die Begrifflichkeiten geklärt werden. Insbesondere für Kinder, die die deutsche Sprache als Zweitsprache lernen und/oder noch in den Anfängen des Spracherwerbs stecken, ist eine ausführliche Erklärung und gegebenenfalls mehrfache Wiederholung der Geschichte von Vorteil, um erfolgreich partizipieren zu können. Dabei kann die Erzieherin die Geschichte zunächst allein erzählen und visuell mit den Materialien begleiten. Durch die Wiederholung von Begriffen, Satzmustern und visuellen Reizen lernen die Kinder die Geschichte kennen und können sich innerhalb der Handlung besser orientieren. Mit wachsender Sicherheit der Kinder steigt auch die Partizipation, so dass einzelne Elemente des darstellenden Spiels durch die Kinder ausgeführt werden. Mit der Zeit wird die visuelle Begleitung komplett durch die Kinder ausgeführt und auch das Erzählen der Geschichte kann teilweise durch die Kinder stattfinden. Diese Partizipation kann je nach Entwicklungsalter variieren und unterscheidet sich ganz individuell von Kind zu Kind, sodass bei dieser Methode der Entwicklungsförderung keinerlei Druck für die Kinder entsteht, sondern vielmehr eine spielerische Förderung ermöglicht wird.

DIE RICHTIGEN GESCHICHTEN ALTERSGEMÄSS AUSWÄHLEN

Damit die Methode des Geschichtensäckchens auch erfolgreich durchgeführt werden kann, ist die Vorbereitung entscheidend. Hierbei spielt die Auswahl einer geeigneten Geschichte eine elementare Rolle. Dabei können Sie beliebig entscheiden, ob die Geschichte eine Erzählung, ein Märchen, ein Gedicht oder auch ein Lied sein soll. Wichtig ist jedoch, dass sie verschiedene Faktoren in Bezug auf die Zielgruppe beachten. Hierzu gehören:

- Orientierung am Sprachstand der Kinder

- Thematischer Bezug zum Alltag

- Anknüpfung zum Gesprächsanlass

Orientierung am Sprachstand der Kinder

Um eine geeignete Geschichte auswählen zu können, ist es von Vorteil, den derzeitigen Sprachentwicklungsstand der Zielgruppe zu kennen. So können Sie gezielt an den entsprechenden Entwicklungsstand anknüpfen und eine Geschichte auswählen, die die Kinder sprachlich abholt und fördert, ohne sie dabei zu überfordern. Die sprachliche Entwicklung ist von Kind zu Kind unterschiedlich und entwickelt sich ganz individuell. Dennoch kann man die verschiedenen Stufen der Sprachentwicklung grob an dem Alter der Kinder festmachen.

ca. ½ Jahr bis ca. 1 Jahr
WORTSCHATZ: Lallen
LAUTE: vielseitige Laute und Silbenverdopplung („ma- ma- ma“, „ba- ba“, etc.)
GRAMMATIK: erste wortähnliche Verbindungen, wie z. B. „Mama“ oder „Wau-Wau“

ca. 1 ½ Jahre
Wortschatz: einzelne, kurze Wörter, wie beispielsweise „Ball" oder „Auto"
Laute: Die Laute m, n, b und p werden gebildet
Grammatik: bewusste und gezielte Lautbildung innerhalb der Wortproduktion, Bilden von Einwortsätzen, Fragen durch Betonung signalisieren

ca. 2 Jahre
Wortschatz: bis zu 50 Wörter, bestehend aus Hauptwörtern, einfachen Verben und unspezifischen Adjektiven
Laute: Die Laute t, d f, und w werden gebildet
Grammatik: Beginn des ersten Fragealters, Bildung von Satzmelodie, Verwendung von Fragepronomen, Gebrauch von Zwei- und Dreiwortsätzen, wie beispielsweise „Puppe geben" oder „Mama arbeiten?"

ca. 2 ½ Jahre
Wortschatz: mehr Wörter, inklusive Personalpronomen, Modalverben und spezifischen Adjektiven
Laute: Die Laute k, g, r und ch werden gebildet
Grammatik: Häufigere Verwendung von Mehrwortsätzen, beliebiger Einsatz von Endungen an Haupt- und Tätigkeitswörtern, Gebrauch von Präfixverben am Satzende: „Papa Eis gebe", bewusstes Nutzen des Wortes „ich" sowie von „er", „sie", „es", beispielsweise „Ich Eis essen"

ca. 3 Jahre
WORTSCHATZ: der Wortschatz wächst, bestimmte Artikel sowie Präpositionen werden genutzt
LAUTE: schwierige Lautverbindungen, wie beispielsweise gr, kn, und bl, werden erlernt
GRAMMATIK: Beginn des zweiten Fragealters unter Verwendung von „wie“, „warum“ und „was“, Gebrauch des Personalpronomens „du“, Bildung einfacher Sätze mit Verbzweitstellung sowie von Negationssätzen und Nebensätzen

ca. 4 Jahre
WORTSCHATZ: der Wortschatz nimmt weiter zu, Farben und Fürwörter werden gesprochen
LAUTE: das Kind beherrscht sämtliche Laute mit Ausnahme einiger Zischlaute und sehr schwerer Konsonantenverbindungen, wie beispielsweise pr, kl oder dr
GRAMMATIK: Gebrauch von komplexen Sätzen mit Verwendung von Futur und Passiv

ca. 5 bis 6 Jahre
WORTSCHATZ: abstrakte Begriffe werden auf kindlichem Niveau sicher verwendet und ermöglichen eine differenzierte Ausdrucksweise
LAUTE: sämtliche Laute der Muttersprache werden sicher und fehlerfrei gebildet
GRAMMATIK: sichere und größtenteils korrekte Verwendung der Grammatik, Bildung von verschiedenen Zeit- sowie Pluralformen. Erzählungen können inhaltlich und sprachlich korrekt wiedergegeben und fortgeführt werden

Diese Einteilung versteht sich jedoch nur als eine grobe. Es bleibt zu betonen, dass das tatsächliche Alter der Kinder im Vergleich zu ihrem Entwicklungsalter stark abweichen kann. Achten Sie deshalb bei einer Zuordnung weniger auf die Altersbemessung, sondern vielmehr auf die Merkmale in Bezug auf Wortschatz, Laute und Grammatik.

Alltagsbezug herstellen

Damit den Kindern der Einstieg in den Umgang mit dem Geschichtensäckchen möglichst leichtfällt, ist es empfehlenswert, eine Geschichte auszuwählen, deren Inhalt thematisch zum Alltagsgeschehen der Kinder passt. Hierbei können Interessen, aktuelle Geschehnisse, Erlebnisse oder Ereignisse, die zukünftig auf die Kinder zukommen, eine tolle Option sein, die Neugier und Partizipationsbereitschaft der Gruppe zu wecken. Hierbei geben bereits bekannte Themengebiete den Kindern die nötige Sicherheit für eine offene Partizipation und regen zu einem aktiven Austausch und einer offenen Kommunikation an. Zudem fällt es vielen Kindern leichter, sich auf neue Situationen einzulassen, wenn sie diese bereits aus Geschichten oder Erzählungen kennen und dadurch besser einschätzen und zuordnen können.

Anknüpfung zum Gesprächsanlass

Die ausgesuchte Geschichte bietet idealerweise zudem einen Mehrwert und beinhaltet darüber hinaus einen Anknüpfungspunkt, der den Kindern auch nach Abschluss der Geschichte noch einen Anlass zum Gespräch bietet. Diese Anknüpfung zu einem Gesprächsanlass kann sich aus verschiedenen Faktoren ergeben. Handelt es sich bei der Geschichte um eine Impulsgeschichte mit einem inhaltlich offenen Ende, bietet bereits der Charakter der Geschichte Anlass für einen weiteren Austausch. Auch thematisch kann die Geschichte zu einem anschließenden Austausch einladen, insbesondere, wenn der Inhalt der Geschichte zu aktuellen Geschehnissen oder Ereignissen passt.

Diese Anknüpfung zum Gesprächsanlass hat hierbei gleich mehrere Vorteile. So werden beispielsweise inhaltliche Themen weiter vertieft und verinnerlicht. Des Weiteren werden die Freude an der Sprache und der Impuls zu einer offenen Kommunikation unter den Kindern ermöglicht, welche wiederum wichtige sprachliche Kompetenzen fördert. Darüber hinaus führen nachträgliche Gespräche zwischen den Kindern auch zu einer Verknüpfung von Ideen sowie einem Austausch verschiedener Sichtweisen und Eindrücke. Dies fördert langfristig das Geschichtswissen der Kinder, führt zu mehr Sicherheit bei der nächsten Verwendung des Geschichtensäckchens und erhöht somit die Partizipation.

Das Geschichtensäckchen als Methode einführen

Nachdem Sie eine geeignete Geschichte sowie die passenden Materialien für das Geschichtensäckchen ausgesucht haben, können Sie damit beginnen, das Geschichtensäckchen als Methode einzuführen und vorzustellen. Für eine erfolgreiche Einführung des Geschichtensäckchens sollten die Kinder entspannt und konzentriert sein, um die neuen Informationen bewusst wahr- und aufnehmen zu können. Der Morgenkreis eignet sich beispielsweise ideal, um der gesamten Gruppe so eine neue Methode vorzustellen. Achten Sie bei der Einführung bewusst darauf, die Neugier der Kinder zu wecken, ohne sie didaktisch zu überfordern. Leiten Sie zunächst das Thema als solches grob ein, um das Interesse und die Begeisterung der Zielgruppe zu generieren. Handelt es sich zum Beispiel um eine Geschichte in Bezug auf die derzeitige Jahreszeit, ist es sinnvoll, bereits vor dem Start mit dem Geschichtensäckchen einen Bezug zu der Jahreszeit herzustellen. Die inhaltliche Vorbereitung hilft den Kindern dabei, anschließend schneller einen Bezug zu der Erzählung herstellen zu können, und ermöglicht so einen direkten Einstieg in das Thema.

DIE ERZIEHER ALS DARSTELLENDE ERZÄHLER

Nach der inhaltlichen Hinführung können Sie im Anschluss damit starten, den Kindern das Säckchen zu zeigen und zuerst die Geschichte aus dem Säckchen herauszuholen. Im folgenden Verlauf fungieren Sie als darstellende Erzählerin, insbesondere dann, wenn das Geschichtensäckchen als Methode neu eingeführt wird oder die Zielgruppe sehr jung ist. Ihre Aufgabe ist es demnach, die Geschichte in einer möglichst ansprechenden und dynamischen Vortragsart zu erzählen. Hierbei ist es von Vorteil, wenn Sie die Geschichte im Vorfeld bereits kennen und mehrfach gelesen haben. Diese inhaltliche Sicherheit hilft Ihnen dabei, möglichst frei zu sprechen, und erleichtert es Ihnen, die Dynamik der Geschichte richtig einzuschätzen und anpassen zu können. Versuchen Sie dafür, innerhalb des Sprechtempos und der Lautstärke zu variieren. Bauen Sie an geeigneten Stellen wirkungsvolle Pausen ein. Diese Pausen können inhaltliche Schwerpunkte verdeutlichen sowie die Spannung steigern. Darüber hinaus helfen kleinere Pausen den Kindern zusätzlich dabei, wichtige Angelpunkte nachvollziehen und verinnerlichen zu können. Je ansprechender Sie die Geschichte erzählen, umso leichter fällt es den Kindern, sich auf diese einzulassen und fokussiert sowie engagiert mitzuarbeiten.

REQUISITEN VORSTELLEN UND ERKLÄREN

Je nach Alter der Zielgruppe ist es sinnvoll, die Materialien aus dem Geschichtensäckchen vor Beginn der Erzählung aus dem Säckchen zu nehmen und den Kindern vorzustellen. Während kleine Figuren, Puppen oder Plüschtiere oftmals schnell erkannt und zugeordnet werden, müssen Sie bei anderen Materialien bei Bedarf noch einen Bezug herstellen und die richtige Assoziation erklären. Führen Sie beispielsweise eine neue Geschichte ein und verwenden im Geschichtensäckchen ein Stück blauen Stoff als Himmel, ist dies ohne das geschichtliche Wissen selbstverständlich nicht ersichtlich und bedarf einer Erklärung. Insbesondere bei älteren Kindern können Sie bereits an dieser Stelle die Kinder miteinbeziehen und den erklärenden Part teilweise oder vollständig von den Kindern ausführen lassen. Das gemeinsame Rätseln, welche Figuren das sind oder wofür die Stoffe bildlich stehen könnten, regt die Kommunikation innerhalb der Gruppe an und motiviert zum kreativen Nachdenken. Darüber hinaus erzeugt die vorangegangene Partizipation einen erhöhten Spannungsbogen in Bezug auf die anschließende Geschichte und fördert die Konzentration und das aktive Zuhören der Kinder.

ERZÄHLUNG DER GESCHICHTE

Sobald Sie alle Materialien verständlich erklärt haben und die Kinder diese zuordnen können, beginnt der Hauptpart in Form der Erzählung. Während Sie die Geschichte erzählen, stellen Sie den Verlauf der Handlung mit den Materialien aus dem Säckchen anschaulich dar. Nehmen Sie sich an den Stellen, an denen Sie die Handlung mit einer Figur oder Ähnlichem verknüpft haben, bewusst etwas mehr Zeit und bauen Sie bei Bedarf kleine Sprechpausen ein. In diesen Pausen können die Kinder das gehörte Wort mit dem gesehenen Bild verknüpfen und so die Zusammenhänge noch besser verstehen und verarbeiten. So führen Sie die Kinder sicher und konzentriert durch die Geschichte und schaffen die besten Voraussetzungen für eine möglichst intensive Partizipation.

Wenn Sie die Methode des Geschichtensäckchens im Krippen-Bereich durchführen, haben Sie bei der gesamten Durchführung den Hauptpart. Sie führen die Kinder sowohl erzählerisch als auch darstellend durch die gesamte Handlung. Insbesondere, wenn Sie eine neue Geschichte einführen, werden die Kinder zum größten Teil einen beobachtenden Part übernehmen. Nach einigen Wiederholungen und zunehmender Sicherheit können jedoch auch jüngere Kinder darstellende Aufgaben übernehmen, die Figuren bewegen oder kleinere Handlungen begleitend nachspielen.

Im Kindergarten-Bereich ist dies zu Beginn ähnlich, so dass Sie beim Einführen des Geschichtensäckchens ebenfalls als Erzähler:in und Darsteller:in agieren. Sobald die Kinder die Methode des Geschichtensäckchens jedoch verstanden und verinnerlicht haben, können Sie relativ schnell damit beginnen, das darstellende Spiel von den Kindern ausführen zu lassen. Bei bekannten Geschichten können die Kinder sogar teilweise den erzählenden Part übernehmen. Vor allem bei Impulsgeschichten wird diese Partizipation noch zusätzlich verstärkt, da Sie bei dieser Art von Geschichten die Erzählung mit einem offenen Ende abschließen können. Dieses offene Ende lässt den Kindern kreativen Freiraum, ihre eigene Fantasie zu nutzen und sowohl sprachlich als auch darstellend die Geschichte nach eigenen Vorstellungen weiterzuerzählen und gegebenenfalls zu einem Ende zu bringen.

SCHWIERIGE WÖRTER & ANGELPUNKTE KLÄREN

Nachdem Sie die Geschichte abgeschlossen haben, ist es wichtig, mögliche Fragen und Anmerkungen seitens der Kinder zu beantworten und zu thematisieren. Hierbei können zunächst schwierige Wörter sowie unbekannte Begriffe hinterfragt und erklärt werden. Nur wenn auf der sprachlichen Ebene alle Fragen beantwortet sind, kann die inhaltliche Thematik verstanden und nachvollzogen werden. Deshalb ist es besonders wichtig, dass die Kinder sämtliche Wörter und auch die wichtigen Angelpunkte verstehen und somit einen Zusammenhang hinsichtlich des gesamten Handlungsverlaufs der Erzählung herstellen können.

ZUSAMMENFASSUNG

Abschließend ist es sinnvoll, die Geschichte gemeinsam mit den Kindern zu resümieren. Dies eröffnet den Kindern die Chance, das Gehörte und Gesehene nochmals zu wiederholen, zu verinnerlichen und somit auch langfristig abspeichern zu können. Des Weiteren können Sie anhand der Zusammenfassung auch überprüfen, ob das Thema, die inhaltlichen Zusammenhänge sowie mögliche Angelpunkte, Wendungen und gegebenenfalls die Moral verstanden wurden.

ANSCHLUSSKOMMUNIKATION

Die Methode des Geschichtensäckchens bietet darüber hinaus auch die Option für eine offene Anschlusskommunikation. Wenn Sie die Geschichte so ausgewählt haben, dass diese inhaltlich zu einer Thematik passt, die Sie gerade mit den Kindern erarbeiten möchten, kann das Geschichtensäckchen einen idealen Einstieg in ebendieses Thema darstellen. Die dargestellte Geschichte fungiert hierbei als Gesprächsanlass und kann den Kindern helfen, motiviert und kommunikativ in einen gemeinschaftlichen Austausch zu starten.

30 tolle Ideen mit dem Geschichtensäckchen

Im folgenden Verlauf finden Sie eine Auswahl geeigneter Geschichten für Ihr Geschichtensäckchen. Die Geschichten variieren in ihren jeweiligen Längen und sind somit, je nach Entwicklungsalter, für Kinder im Krippen- und Kindergartenalter geeignet.

Die Geschichten behandeln folgende Themen:

- Guten-Morgen-Geschichte
- Freunde finden / Freundschaft
- Durch das Jahr / Jahreszeiten / Wetter
- Wut-Geschichten
- Mut-Geschichten /Angst haben
- Anders sein / Du bist gut so, wie du bist
- Tiergeschichten
- Weihnacht

QR Codes

Dieses Buch bietet Ihnen mithilfe der **QR Codes**, die neben jeder Geschichte zu finden sind, eine Möglichkeit an, die Erzählungen vorlesen zu lassen, sodass Sie sich nur um die Requisiten-Darstellung kümmern können. Scannen Sie dazu einfach den QR Code mit einem Smartphone – mithilfe der Kamera – und dann können Sie auch schon loslegen!

Info: Über Dropbox-App ODER auch die Webseite möglich (Option wird **nach Scan** ganz unten angezeigt, es ist kein Abonnement oder eine App-Installierung nötig).

Was wir für die Geschichtensäckchen noch benötigen:

- ✓ ...
- ✓ ...
- ✓ ...
- ✓ ...
- ✓ ...
- ✓ ...
- ✓ ...
- ✓ ...
- ✓ ...
- ✓ ...
- ✓ ...
- ✓ ...
- ✓ ...
- ✓ ...
- ✓ ...
- ✓ ...

TITEL: GUTEN MORGEN

THEMA: *Guten Morgen/Morgenkreisgeschichte*

REQUISITEN:

✓ einen gelben Papierkreis an einem Holzstiel

(als aufgehende, bewegliche Sonne)

✓ Murmeln (als glitzernde Tautropfen)

✓ Grünen Stoff (als Wiese)

✓ kleine Vögel aus Holz (als zwitschernde Vögel)

✓ bunte Pfeifenputzerstückchen (als Insekten)

✓ Blumen aus Papier (als blühende Blumen)

✓ ein aus Papier gebasteltes Fenster mit Vorhängen

(als Fenster, durch das die Sonne scheint)

https://bit.ly/3UkCoGP
Link oder QR-Code
zum Audio-Guide

Erzählung:

(Zu Beginn den grünen Stoff auf den Tisch oder den Boden legen.) Langsam geht die Sonne auf. Erst sieht man nicht viel, da es noch sehr dunkel ist, doch die ersten Bäume, Steine und Gräser werden sichtbar und werfen helle und leichte Schatten ***(den gelben Papierkreis langsam, von unten ausgehend, in einem weiten Bogen nach oben führen).*** *„Guten Morgen"*, flüstert die Sonne ganz leise. Als Nächstes berühren die ersten warmen Strahlen den feuchten, kalten Wiesenboden. Die Sonnenstrahlen glitzern in den Tautropfen auf den Grashalmen und in den Spinnennetzen ***(nun die Murmeln nach und nach auf den grünen Stoff legen).*** *„Guten Morgen"*, flüstert die Sonne ganz leise. Nun steigt die Sonne langsam etwas höher und weckt sanft die Blumen auf ***(den gelben Papierkreis nun noch etwas höher steigen lassen).*** Die Blumen recken ihre Blütenköpfe in die Höhe und öffnen langsam ihre Knospen ***(die bunten Papierblumen nach und nach auf den grünen Stoff legen).*** *„Guten Morgen"*, flüstert die Sonne ganz leise. Die Sonne wird immer stärker und wärmer, so dass auch die Vögel verschlafen die Augen öffnen und ihre ersten Lieder zwitschern ***(die kleinen Holzvögel auf den grünen Stoff setzen).*** Die Insekten kommen aus ihren Nestern und schwirren munter durch die frische Morgenluft ***(die kleinen Pfeifenputzerstückchen über den grünen Stoff „fliegen lassen" und anschließend in der Nähe der Blumen absetzen).*** *„Guten Morgen"*, flüstert die Sonne ganz leise. Zum Schluss scheint die Sonne noch hell durch den Spalt im Vorhang deines Fensters. Müde blinzelst du in das helle Licht und reibst dir die Augen ***(den gelben Papierkreis hinter das Papierfenster halten, so dass das Licht durch die Vorhänge fallen würde).*** *„Guten Morgen"*, flüstert die Sonne ganz leise. *„Guten Morgen"*, flüsterst du ganz leise zurück.

TITEL: ZUSAMMEN SIND WIR STARK

THEMA: *Gemeinschaft / Freundschaft*

REQUISITEN:

- ✓ eine Maulwurffigur (als Maulwurf Momo)
- ✓ einen Stachelball (als Igel Ina)
- ✓ eine kleine Vogelfigur (als Spatz Oli)
- ✓ etwas Erde (als Maulwurfhaufen)
- ✓ viel grünen Stoff (als Wiese mit hohem Gras)

https://bit.ly/3ScEQOh
Link oder QR-Code
zum Audio-Guide

ERZÄHLUNG:

(Zunächst den grünen Stoff auf dem Boden oder einem Tisch ausbreiten und die Erde am Rand zu einem kleinen Haufen türmen.) Ein kleiner Maulwurf hat sich gerade von seinen Eltern verabschiedet. *„Tschüss Mama, tschüss Papa!"*, ruft er noch einmal in den Maulwurfshügel, bevor er losmarschiert ***(die Maulwurfsfigur von der Erde ausgehend langsam ein Stückchen über den grünen Stoff laufen lassen).*** Der kleine Maulwurf heißt Momo. Momo möchte gerne die Welt entdecken und sich auf eine spannende Abenteuerreise machen. Munter läuft er über eine Wiese, mal übersieht er ein Loch und stolpert, mal übersieht er eine Pfütze und bekommt nasse Füße ***(die Maulwurfsfigur weiter über den grünen Stoff laufen lassen und dabei die Figur ruhig mal im Kreis laufen oder umkippen/"stolpern" lassen).*** Momo ist ein Maulwurf und die sehen über der Erde halt nicht allzu gut, doch das stört den kleinen Entdecker gar nicht ***(nun den Stachelball an beliebiger Stelle auf dem Stoff platzieren und die Maulwurffigur dagegenlaufen lassen).*** *„Au"*, ruft Momo plötzlich. Mit seinen Pfoten ist er in etwas Spitzes, Stacheliges getreten. *„Aua!"*, murmelt da auch die Stachelkugel. Momo kneift die Augen zusammen und schaut angestrengt hin. Oje, vor ihm auf der Wiese sitzt ein kleiner Igel. *„Oh entschuldige!"*, stottert Momo. *„Das war keine Absicht. Ich sehe sehr schlecht". „Nicht schlimm, nichts passiert!"*, murmelt der Igel leise. *„Ich bin Momo"*, stellt sich der Maulwurf vor. *„Und wer bist du?"*, fragt er den Igel. *„Ich bin Ina"*, murmelt der Igel wieder ganz leise. *„Warum flüsterst du denn so?"*, fragt Momo. Lange ist es still. Dann antwortet Ina zaghaft: *„Also, na ja... ich bin ziemlich ängstlich." „Das ist doch nichts Schlimmes!"*, beteuert Momo. *„Möchtest du mit mir zusammen in die Welt ziehen?"*, fragt Momo. Ina überlegt, dann sagt sie vorsichtig: *„Ja, gerne. Zu zweit ist es leichter als alleine." „Das stimmt"*, sagt Momo, *„Du kannst mir helfen, den richtigen Weg zu sehen, und ich passe dafür auf dich auf." „Tolle, Idee. Abgemacht!"*, sagt Ina und gemeinsam laufen die beiden weiter ***(die Stachelkugel und die Maulwurfsfigur gemeinsam weiter über den grünen Stoff laufen lassen).*** Kurze Zeit später flüstert Ina plötzlich: *„Halt, bleib stehen, Momo. Da bewegt sich etwas im hohen Gras!"* Schützend stellt sich Momo vor Ina, die sich zu einer kleinen Stachelkugel zusammenrollt ***(den Stachelball und den Maulwurf abrupt anhalten und anschließend den Maulwurf vor dem Stachelball positionieren).*** Langsam kommt das Rascheln näher und plötzlich steht ein kleiner, frech grinsender Spatz vor ihnen ***(die Vogelfigur über den grünen Stoff bewegen und zum Stachelball und Maulwurf führen).*** *„Hallo"*, sagt der Spatz. *„Ich bin Oli, der Spatz. Habt ihr vielleicht einen Weg heraus aus diesem hohen Gras gesehen?"*, fragt er Momo und Ina. Die beiden schütteln den Kopf. *„Nein, leider nicht. Aber wieso fliegst du nicht einfach auf den Baum dort drüben? Dann siehst du doch wo du lang musst?!"*, fragt Momo Oli. Oli wird etwas rot und beginnt, zu stottern, als er antwortet: *„Ich, also ich... Ich kann nicht fliegen.". „Ach so, das ist doch nichts Schlimmes"*, sagt Momo. Und Ina pflichtet ihm bei: *„Fliegen wäre mir eh zu gefährlich. Viel zu hoch!" „Möchtest du vielleicht mit uns zusammen weiterreisen?"*, fragt Momo den kleinen Spatz. Oli überlegt nicht lange. *„Spatztastsisch"*, zwitschert er fröhlich und die drei Freunde ziehen los ***(den Vogel, den Maulwurf und den Stachelball nun gemeinschaftlich über den grünen Stoff wandern lassen und schließlich an den Rand des Stoffes führen).*** Es dauert gar nicht lange und sie haben zusammen den Ausweg aus dem hohen Gras gefunden. *„Das war super!"*, zwitschert Oli. *„Ja, wir sind ein klasse Team"*, sagt Momo. Und Ina ruft: *„Zusammen sind wir stark!" „Auf ins nächste Abenteuer?"*, fragt Momo. *„Auf ins nächste Abenteuer"*, rufen Ina und Oli und zusammen ziehen die drei Freunde los ***(die drei Figuren langsam ein Stück von dem Stoff entfernen und so den Beginn einer neuen Geschichte andeuten).***

TITEL: BENNI, DER SPATZ

THEMA: *Freunde finden*

REQUISITEN:

- ✓ zwei Blätter aus Stoff (als Schlitten)
- ✓ Leopardgecko aus Holz oder Plüsch (als Gecko)
- ✓ Vogel aus Holz oder Plüsch (als Vogel)
- ✓ ein Kissen (als Hügel)

https://bit.ly/3BvzEhd
Link oder QR-Code
zum Audio-Guide

Erzählung:

Es war einmal ein kleiner Leopardgecko. Diese kleinen Tiere sind sandig gelb und haben schöne schwarze Punkte, weshalb sie auch den Beinamen der großen Raubkatze bekommen haben ***(den Leopardgecko auf den Tisch oder auf den Boden stellen).*** Dieser Gecko lebte in einer Wüste und liebte es, in der Sonne zu baden. Heute war es besonders heiß und der Gecko war bei seiner Lieblingsbeschäftigung. Auf einmal flog ein Schatten über seinen Kopf und der Gecko erschrak ganz doll ***(den Holz- oder Plüschvogel über den Gecko hinweg fliegen lassen).*** Er richtete sich auf und blinzelte in den Himmel. Er konnte nichts erkennen, bis auf einmal ein Tier vor ihm landete ***(den Gecko so bewegen, dass er nach oben schaut, und anschließend den Vogel vor dem Gecko landen lassen und abstellen).*** *„Hallo"*, sagte das Tier. *„Wer bist denn du?"*, erwiderte der kleine Gecko. *„Ich bin Ben, der Spatz, aber meine Freunde nennen mich Benni." „Hallo Ben"*, sagte der Gecko, *„Ich bin Leo, der Leopardgecko." „Magst du spielen?"*, fragte der Spatz, *„Ich fliege schon den ganzen Tag umher und suche jemanden, der mit mir meine neuste Spielidee testet. Hast du Lust?"* Leo überlegte kurz und dachte sich, warum eigentlich nicht? Er hatte schon ewig nicht mehr mit jemandem gespielt. Ihr müsst wissen, in der Wüste leben nicht so viele Tiere. *„Also gut"*, sagte Leo, *„Was spielen wir?"* Ben zwitscherte vor Freude und flog gleich los, um kurz darauf wiederzukommen ***(den Vogel erst davonfliegen lassen und dann mit den beiden Stoffblättern wieder zurückkommen und erneut vor dem Gecko landen lassen).*** In seinem Schnabel trug er zwei große vertrocknete Blätter. Leo schaute etwas fragend in Bens Richtung und dieser fing gleich an, zu erklären, was es mit den Blättern auf sich hatte. *„Also"*, begann er, *„Wir gehen auf eine sehr hohe Düne und dann setzen wir uns auf die Blätter und rutschen die Düne herunter."* Leo fand die Idee ganz gut und so gingen sie auf die höchste Düne, die sie finden konnten ***(den Vogel samt Blätter und den Gecko zusammen umherlaufen lassen. Währenddessen das Kissen an beliebiger Stelle auf dem Tisch/Boden platzieren, die beiden Figuren dorthin bewegen und nach oben auf das Kissen wandern lassen).*** Oben angekommen, setzte sich jeder auf sein Blatt und dann rutschten die beiden mit einem Affenzahn die Düne herunter. *„Juhuuuu!"*, riefen die beiden ***(den Gecko und den Vogel auf jeweils ein Blatt stellen/setzen. Beide Tiere auf den Blättern das Kissen hinabrutschen lassen und währenddessen „Juhuuu" rufen).*** Unten angekommen, schauten die beiden sich an und sagten gleichzeitig *„nochmal!"* ***(den Rutschvorgang während des Erzählens beliebig oft wiederholen).*** So verbrachten sie den ganzen Nachmittag und als es langsam anfing, Abend zu werden, sagte Leo: *„So, mein lieber Freund Benni, es war mir eine große Freude. Wenn du wieder eine neue Spielidee hast, kannst du jederzeit auf mich zählen, aber jetzt muss ich schlafen gehen."* Da lachte Benni und sagte: *„Gleichfalls lieber Leo, dich werde ich nicht so schnell vergessen. Bis zum nächsten Mal."* Und so ging jeder seiner Wege, aber Benni hatte schon beim Rückflug eine Idee für ein neues Spiel ***(den Gecko und den Vogel in verschiedene Richtungen voneinander wegbewegen und so den Abschied symbolisieren).***

TITEL:

DER NICHT SO KLEINE ELEFANT

THEMA: *Freunde finden*

REQUISITEN:

- ✓ eine kleine und mehrere größere Elefantenfiguren

(als Elefanten)

- ✓ eine kleine und mehrere größere Giraffenfiguren (als Giraffen)
- ✓ kleine Bälle aus grünem Krepppapier (als Büsche)
- ✓ Tierfiguren aus Holz (als Dschungeltiere)
- ✓ ein Stück grünen Stoff (als Dschungel)

https://bit.ly/3RPwQSZ
Link oder QR-Code
zum Audio-Guide

Erzählung:

(Zunächst den grünen Stoff auf den Tisch oder den Boden legen. Danach das grüne Krepppapier beliebig darauf verteilen). Im tiefen Dschungel lebte ein kleiner Elefant *(die Elefantenfigur auf den Stoff stellen).* Er war leider aber meistens allein unterwegs, denn im Dschungel wohnten nur Tiere, die viel kleiner waren als er, und die fürchteten sich vor ihm. Denn auch, wenn er klein war, war er immer noch viel größer als die Affen, Vögel und Reptilien, die sich dort tummelten (*die anderen Holztiere (außer die Giraffen und die restlichen Elefanten) in einer Gruppe auf den Stoff stellen).* Immer, wenn Sie ihn kommen sahen *(den Elefanten in Richtung der anderen Tiere bewegen),* versteckten sie sich in den Büschen und auf den Bäumen *(die anderen Tiere hinter dem grünen Krepppapier verstecken).* Das machte den kleinen Elefanten sehr traurig, denn er wünschte sich nichts mehr als einen Freund *(die Tiere und das Krepppapier von dem Stoff herunternehmen. Danach ein kleines Krepppapierbällchen an den Rand des Stoffes legen).* Eines Tages ging er sehr weit an den Rand des Dschungels *(den Elefanten an den Rand des Stoffes in Richtung des Krepppapiers laufen lassen)* und traf auf ein Tier, was er noch nie gesehen hatte: eine Giraffe, und die war viel größer als er *(die Giraffe auf den grünen Stoff stellen). „Boah"*, dachte sich der kleine Elefant und überlegte, was er nun tun sollte. Weil sich alle kleineren Tiere versteckten, wenn ein größeres kam, tat der kleine Elefant es ihnen gleich und rannte in einen großen Busch *(den Elefanten schnell zu dem Krepppapier führen und ihn hinter diesem verstecken, jedoch nur so, dass der Po des Elefanten noch zu sehen bleibt).* Aber der Busch war doch noch zu klein für den ganzen Elefanten und sein Popo guckte raus. *„Hallihallo"*, sagte die Giraffe, *„Du hast ja einen sehr hübschen Popo, aber den Rest kannst du mir auch gerne zeigen." (Die Giraffe näher zum Elefanten bewegen).* Der Elefant wusste nicht genau, was er tun sollte, aber er dachte sich, *‚Vielleicht wird das ja mein neuer Freund...'* Er kam langsam aus dem Busch und guckte nach oben in das Gesicht der Giraffe. „Ha-aallo", sagte er zitternd *(den Elefanten hinter dem Krepppapier hervorholen und zu der Giraffe stellen).* „Na siehste", sagte die Giraffe, „Ein hübscher Elefant bist du. Was machst du hier am Rand des Dschungels?" „Ich bin auf der Suche nach einem Freund", erwiderte der Elefant. „Alle anderen Tiere im Dschungel haben Angst vor mir, dabei möchte ich doch nur einen Freund zum Spielen." „Dann komm mal mit", sagte die Giraffe *(nun die restlichen Elefanten- und die Giraffenfiguren auf den Stoff stellen und den kleinen Elefanten und die Giraffe gemeinsam dorthin laufen lassen).* Und nach ein paar Bäumen kamen sie auf eine große Wiese und da waren noch ganz viele andere Giraffen und Elefanten. „Oh, wie schön!", rief der kleine Elefant und seit diesem Tage spielte er immer mit seinen neuen, großen Freunden *(den kleinen Elefanten und die Giraffe in die Gruppe der anderen Figuren stellen).*

TITEL: BUNTER SCHMETTERLING

THEMA: *Freunde finden*

REQUISITEN:

✓ zwei Schmetterlinge aus Papier, Holz, Plüsch etc.

(als Protagonisten)

✓ ein grüner Teppich (als Untergrund für die Blumenwiese)

✓ Konfetti oder bunte Papierschnipsel

(als bunte Blumen auf den Teppich streuen)

✓ je eine lila, blaue und rote Blume (als Landeplatz für den Schmet-

terling)

https://bit.ly/3QQkBV3
Link oder QR-Code
zum Audio-Guide

ERZÄHLUNG:

(Zunächst den grünen Stoff ausbreiten und das Konfetti bzw. die Schnipsel darüberstreuen, sodass eine bunte Blumenwiese entsteht. Danach die lila Blume beliebig auf der Wiese platzieren.) Es weht ein warmer Frühlingswind über eine große, bunte Blumenwiese. Die Sonne wärmt die Erde auf und der seichte Wind pustet sanft über die vielen bunten Blumen, bringt die Blütenköpfchen zum Schwanken und lässt die grünen Blätter wackeln ***(vorsichtig über den Stoff pusten, so dass sich die Schnipsel etwas bewegen).*** Von einer großen lila Blüte aus erhebt sich ein kleiner weißer Schmetterling in die Lüfte ***(den weißen Schmetterling auf die lila Blume setzen und von dort aus hochheben und über die Wiese fliegen lassen).*** Munter flattert er mit den Flügeln und fliegt zur nächsten Blume ***(die blaue Blume an einer beliebigen Stelle auf der Wiese platzieren und den Schmetterling daraufsetzen).*** Die Blume hat dunkelblaue, große und dicke Blütenblätter und in der Mitte einen sonnengelben Blütenstempel. Der Schmetterling rollt seinen Saugrüssel aus und schlürft genüsslich etwas süßen Nektar. Plötzlich sieht er etwas weiter eine große, leuchtend rote Blume in der Sonne glänzen ***(die rote Blume ebenfalls an einer beliebigen Stelle auf den grünen Stoff legen).*** *„Die schmeckt bestimmt köstlich"*, denkt sich der Schmetterling, flattert mit den Flügeln und macht sich sofort auf den Weg zu den roten Blütenblättern. Doch als der Schmetterling zur Landung ansetzt, bemerkt er, dass nicht nur er die rote Blume entdeckt hat ***(währenddessen den zweiten Schmetterling hochheben und zu der roten Blume fliegen lassen),*** sondern zeitgleich mit ihm noch ein anderer Schmetterling auf der Blüte gelandet ist ***(beide Schmetterlinge gleichzeitig auf der roten Blume absetzen).*** Der fremde Schmetterling schaute zu dem kleinen weißen Schmetterling herüber. Der kleine weiße Schmetterling linste vorsichtig zum fremden Schmetterling. Sollte er hinübergehen? In seinem Bauch kribbelte es plötzlich wie wild…

TITEL: GNOMEN-PARTY

THEMA: *Freunde finden / Anders sein*

REQUISITEN:

✓ einen grünen und einen blauen Gnom

(als Sumpf-Gnom Morchel)

✓ Tierfiguren, u. a. einen Vogel und eine Kröte (als Sumpftiere)

✓ ein Stück blauen Stoff (als Sumpf)

✓ einen roten Pilz (als Fliegenpilz)

✓ eine Mini-Karte (als Einladungskarte)

✓ eine kleine, bunte Lichterkette (als Partylocation)

https://bit.ly/3xDoXYS
Link oder QR-Code
zum Audio-Guide

Erzählung:

(Zunächst das blaue Stück Stoff auf dem Tisch oder dem Fußboden ausbreiten und den roten Pilz beliebig darauf platzieren). In einem Sumpf lebte einst ein kleiner, frecher Gnom namens Morchel ***(den kleinen Gnom auf den Stoff stellen).*** Morchel war ein Sumpf-Gnom. Sumpf-Gnome waren kleine und sehr liebe Gnome, die jeder Pflanze und jedem Tier in ihrem Sumpf immer mit Rat und Tat zur Seite standen. Sumpf-Gnome mochten keinen Streit und keine schlechte Laune. Diese Gnome hatten das Herz am rechten Fleck. Dennoch hatte Morchel ein Problem, das ganz typisch für Sumpf-Gnome war: Er war grün, und zwar nicht grasgrün, salbeigrün oder moosgrün, sondern so richtig quietschig giftgrün. Aufgrund seiner Farbe hatten die Tiere in seinem Sumpf Angst vor ihm. Sie hatten Sorge, dass die Farbe eine Art Warnsignal sei, wie etwa das leuchtende Rot eines giftigen Fliegenpilzes. Das machte Morchel sehr traurig. Schließlich war er gar nicht giftig. Im Gegenteil: Er war so nett und liebenswert. Doch wenn niemand ihm eine Chance gab, das zu beweisen, wie sollte er die Tiere des Waldes dann davon überzeugen, dass er gar nicht gefährlich ist? Morchel überlegte lange. Sehr lange. Und da kam ihm plötzlich die Idee… *„Ich hoffe, das klappt!"*, kicherte der kleine Sumpf-Gnom und begann sogleich mit den Vorbereitungen ***(den grünen Gnom vom Stoff nehmen und verschwinden lassen und dafür die Tierfiguren auf dem Stoff verteilen).*** Am nächsten Morgen lief ein kleiner blauer Gnom durch den Sumpf ***(den blauen Gnom auf das Stück Stoff stellen und damit umherlaufen).*** Nicht Knallblau oder Königsblau, sondern ein wunderschön harmonisches Himmelsblau. Jedem Tier, das der Gnom auf seinem Weg traf, überreichte er eine Einladungskarte ***(die kleine Einladungskarte zeigen).*** Auf dieser Karte stand: *Liebe Tiere, ich lade euch ganz herzlich zu meiner Sumpf-Party heute Nachmittag ein. Euer Gnom.* Die Tiere mochten den neuen Gnom. *„Seine Farbe ist toll!"*, zwitscherten die Vögel ***(die Vogelfiguren etwas bewegen).*** *„Ja, ein himmlisches Blau"*, quakte die Kröte zustimmend ***(die Kröte leicht bewegen).*** Am Nachmittag kamen alle Tiere des Sumpfes zu der Party des kleinen, blauen Sumpf-Gnoms (***die Tierfiguren alle in eine Gruppe stellen).*** Sie tanzten, lachten, spielten Spiele und aßen Matsche-Sumpf-Kuchen. Zum Schluss schlug der kleine blaue Gnom seinen neuen Freunden noch ein Bad im Sumpf vor. Begeistert sprangen alle Tiere, egal, ob groß oder klein, gemeinsam mit dem blauen Gnom in das Sumpfwasser (***die Tiere und den Gnom in einen imaginären Tümpel springen lassen).*** Doch oh Schreck, was war denn das? Das Wasser um den Gnom verfärbte sich blau und als der Gnom aus dem Wasser auftauchte, war er gar nicht mehr blau, sondern es war der giftgrüne Sumpf-Gnom Morchel. Die Tiere erschraken sich und starrten ungläubig auf den kleinen grünen Gnom. Morchel erklärte sich: *„Liebe Freunde, es tut mir leid, dass ich euch getäuscht habe. Doch ich wusste keinen anderen Weg, euch zu beweisen, dass meine Farbe rein gar nichts mit meinem Charakter zu tun hat. Seht nur, ich bin nur grün und nicht giftig. Als ich blau war, habt ihr mir die Möglichkeit gegeben, euch das zu beweisen. Und nun hoffe ich, dass ihr nicht vergesst, was für einen tollen Tag wir zusammen hatten, nur, weil ich jetzt wieder grün bin."* Die Tiere schauten betreten auf den Boden, einige wurden sogar etwas rot vor Verlegenheit. *„Es tut uns ja so leid, Morchel. Du hast recht! Wir haben uns von deiner Farbe blenden lassen, ohne dich eigentlich zu kennen. Doch du bist gar nicht giftig, du bist toll! DU bist ein wahrer Freund. Und wir hoffen, dass du uns unseren Fehler verzeihen kannst. Freunde?"*, fragten Tiere. *„Freunde!"*, lächelte der kleine giftgrüne Sumpf-Gnom und war überglücklich.

TITEL: DER WITSCHEL

THEMA: *Freundschafts-Geschichte*

REQUISITEN:

- ✓ eine kleine Feen- oder Zwergenfigur (als Witschel)
- ✓ eine Möhre aus Filz (als Karotte)
- ✓ einen Topf und einen Löffel (zum Kochen der Suppe)
- ✓ Tierfiguren (als Waldtiere)
- ✓ ein Stück braunen Stoff (als Karottenacker)

https://bit.ly/3dp2ojx
Link oder QR-Code
zum Audio-Guide

Erzählung:

Ihr kennt es bestimmt: Irgendein Schabernack ist bei euch zu Hause passiert und keiner ist es gewesen und niemand hat es gesehen. Meistens bleibt die Antwort offen, aber heute möchte ich euch eine Geschichte von jemandem erzählen, der für einige von diesen Scherzen verantwortlich ist: der Witschel ***(die kleine Koboldfigur auf den Tisch oder den Boden stellen).*** Der Witschel ist ein kleiner Kobold, der magische Kräfte besitzt, und diese setzt er meistens ein, um Quatsch zu machen. Heute hat er einmal wieder seinen Freund, den Bauern, veräppelt. Der hatte nämlich vor ein paar Wochen Karotten gepflanzt und die waren schon schön gewachsen ***(das braune Stück Stoff ausbreiten).*** Der Witschel hatte großen Hunger, als er zum Hof des Bauern kam, und sagte ihm, *„Hallo mein lieber Freund, ich habe sooo großen Hunger. Kannst du mir bitte deine berühmte Karottensuppe machen? Ich würde sagen, zehn Kochtöpfe voll sollten genügen.* "Der Bauer schaute den Witschel verdutzt an und sagte: *„Mein lieber Witschel, so viele Karotten habe ich nicht. Die reichen gerade mal für einen Topf.* "Der Witschel überlegte kurz und dann murmelte er einen Zauberspruch und da machte es plötzlich *„Plopp"*. Eine Karotte ist auf einmal aus dem Boden in die Luft geschossen ***(die orange Möhre aus dem Acker schießen lassen und hoch in die Luft heben).*** Sie flog höher und höher und kam langsam wieder Richtung Erde ***(die Möhre langsam zurück auf den Acker sinken lassen)***. *„Oha!"*, rief der Bauer und musste zur Seite hüpfen, sonst wäre ihm die Karotte noch auf den Kopf gefallen. Die Karotte war riesig geworden, bestimmt zehnmal so groß wie eine normale Karotte. *„Witschel, du machst Sachen"*, sagte er. *„Na, hast du jetzt doch genug für zehn Töpfe oder soll ich noch eine verzaubern?" „Ne, bloß nicht!"*, rief der Bauer. Er machte sich daran, die Karottensuppe zuzubereiten ***(den Topf auf den Tisch bzw. den Boden stellen, die Möhre hineinlegen und mit dem Löffel umrühren),*** denn für einen Freund kocht man auch mal zehn Töpfe Karottensuppe. *„So, bitte schön"*, sagte der Bauer, *„Hier ist deine Suppe"*. Er reichte dem Witschel einen Teller voll Suppe und der aß diese vergnügt auf. *„Ach mein lieber Freund, du hast dich mal wieder selbst übertroffen, aber jetzt bin ich satt." „Wie bitte?!"*, sagte der Bauer, *„Ich koche doch nicht zehn Töpfe Suppe und schmeiße die dann weg!" „Hihihi"*, lachte der Witschel, *„verkackeiert!"* Der Witschel rief ganz laut mit einer Zauberstimme: *„Hallo liebe Freunde, kommt alle her, es gibt superleckere Karottensuppe!"* Und im Nu kamen die Waldtiere, die Wiesentiere und selbst die Forellen guckten aus dem Bach ***(die anderen Tierfiguren nach und nach zu dem Witschel stellen).*** Der Witschel und der Bauer verteilten die ganze Suppe, bis sie leer war. *„Ach Witschel"*, sagte der Bauer, *„Du machst so gerne Scherze, aber deine Scherze haben auch immer ein gutes Ende."* Der Witschel lächelte seinem Freund zu und verschwand nach einem Fingerschnippen in einer Staubwolke ***(mit den Fingern schnipsen und den Witschel schnell verschwinden lassen).***

TITEL: BIST DU MEINE MAMA?

THEMA: *Familie / Freundschaft*

REQUISITEN:

- ✓ 7 kleine Eichhörnchenfiguren aus Holz

(als Eichhörnchenfamilie)

- ✓ einen Ast (als Baum)
- ✓ einen Kranz aus Stroh (als Kobel)
- ✓ ein kleines Ei (als Vogelei)
- ✓ zwei Vogelfiguren (als Mama und Babyamsel)

https://bit.ly/3DBWJBm
Link oder QR-Code
zum Audio-Guide

Erzählung:

Auf einem hohen Baum, ganz oben in der Spitze, hatte ein Eichhörnchenpaar seinen Kobel gebaut ***(den Ast auf den Tisch oder auf den Boden legen, das Nest darauflegen und zwei Eichhörnchen hineinsetzen).*** Hier lebten sie gemeinsam und hätten sich keinen schöneren Platz für ihr Nest vorstellen können. Eines Tages bekam das Eichhörnchenpaar fünf süße, kleine Eichhörnchenbabys ***(die restlichen Eichhörnchen dazusetzen).*** Zunächst waren sie noch winzig klein und unbeholfen, doch mit der Zeit wurden die Eichhörnchenbabys immer größer und bekamen immer mehr Hunger. Mama und Papa Eichhörnchen gingen ab diesem Moment sogar zeitgleich auf Futtersuche, um alle Kinder satt zu bekommen ***(zwei Eichhörnchen (Mama und Papa) aus dem Nest nehmen und davonlaufen lassen).*** Eines Tages kamen Mama und Papa am frühen Morgen von der Futtersuche zurück. Sie schleppten Nüsse und Früchte in den Kobel, als die Kinder verschlafen die Augen öffneten ***(Mama und Papa Eichhörnchen wieder in das Nest setzen).*** *„Nanu, was ist das?"*, fragte eines der Eichhörnchenkinder verwundert und zeigte auf ein rundes, blaues Ding, das mitten im Kobel lag ***(das kleine Ei in das Nest legen).*** *„Merkwürdig"*, überlegte Papa Eichhörnchen, *„Das war eben noch nicht dort!"* In diesem Moment knackte es leise und das glatte, blaue Ding bekam einen langen Riss. Plötzlich wackelte es hin und her ***(das Ei leicht bewegen).*** Erschrocken sprangen die Eichhörnchenkinder auf und versteckten sich hinter ihrem Papa ***(die Eichhörchenfiguren alle hinter dem Papa versammeln).*** Papa Eichhörnchen wollte sich gerade mutig dem blauen Ding stellen, da zersprang es vollständig in kleine Stücke und aus dem blauen runden Ding kam ein kleines, nasses Etwas hervor ***(die kleine Vogelfigur in das Nest setzen).*** Es schaute die Eichhörnchen-Mama mit großen Augen an, öffnete seinen kleinen gelben Schnabel und piepste leise „Mama". Die Eichhörnchenkinder kamen kichernd hinter ihrem Papa hervor. *„Hihi, das ist unsere Mama und doch nicht deine"*, sagte eines der Eichhörnchenkinder. *„Stimmt"*, bestärkte es ein anderes Eichhörnchenkind. *„Was ist das?"*, fragte eines der Geschwister. *„Ich find es irgendwie süß"*, meinte das nächste Eichhörnchenkind. Mama Eichhorn kam hervor und tätschelte liebevoll den Kopf des kleinen Wesens ***(Mama Eichhörnchen neben das Vogelkind stellen).*** *„Ich glaube, das ist ein Vogelküken"*, meinte sie. *„Und ich bin nicht deine Mama"*, sagte sie an das Küken gewandt, *„aber ich werde dir helfen, sie zu finden!"*, versprach Mama Eichhörnchen. Und so machte sich die Eichhörnchenfamilie auf die Suche nach der Vogelmama ***(alle Eichhörnchen und den kleinen Vogel aus dem Nest nehmen und gemeinsam über den Boden wandern lassen).*** Es dauerte gar nicht lange, da hörten sie bereits aufgeregtes Zwitschern. *„Baaaaby, wo bist du?"*, zwitscherte eine aufgeregte Amselmama ***(die zweite Vogelfigur nehmen und durch die Luft fliegen lassen).*** *„Mama"*, zwitscherte das kleine Vogelküken plötzlich. Es erkannte den Ruf seiner Mutter. Die Amselmutter kam sofort herbeigeflogen ***(die Vogel-Mama neben dem Vogelkind landen lassen).*** *„Oh Baby! Da bist du ja"*, zwitscherte sie überglücklich. *„Das kleine Küken hat plötzlich in unserem Kobel gelegen!"*, erklärte eines der Eichhörnchenkinder. Mama Amsel lächelte. *„Ja, ich habe es leider im Flug verloren. Einige Raubvögel haben mein Nest entdeckt und ich wollte mein Ei retten, also habe ich es geschnappt und wollte davonfliegen. Dabei ist es mir aus den Krallen gerutscht und so muss es bei euch gelandet sein. Danke, dass ihr euch so gut um mein Baby gekümmert habt!"*, erklärte die Amsel. Die Eichhörnchenfamilie lächelte stolz. Das haben sie doch gern gemacht...

TITEL: DIE FEE FULDA

THEMA: *Durch das Jahr*

REQUISITEN:

- ✓ eine Feen-Figur (als Fee Fulda)
- ✓ Tierfiguren (als Waldtiere)
- ✓ Höhle aus Steinen (als Feen-Höhle)
- ✓ einen blauen Stoffkreis (als Teich)
- ✓ weiße Watte (als Schnee)
- ✓ Blumen (als Blumenwiese im Frühling)
- ✓ Erdbeeren und Blaubeeren aus Holz (für den Sommer)
- ✓ bunte Blätter (als Herbstlaub)

https://bit.ly/3BwGMcW
Link oder QR-Code
zum Audio-Guide

Erzählung:

In einem schönen, grünen Wald lebte einmal eine Fee. Diese Fee hieß Fulda. Fulda war eine weise und schlaue Fee, sie wusste allerlei Dinge über Pflanzen, Tiere und die ganze große Welt. Deshalb mochten die Tiere des Waldes die Fee Fulda so gerne und lauschten stundenlang ihren Erzählungen und Geschichten. An einem verregneten Tag saß die Fee Fulda wieder einmal in ihrer Feen-Höhle ***(den Stein als Höhle auf den Tisch oder den Fußboden legen und die Fee daraufsetzen oder -stellen)*** am großen Teich ***(das blaue Tuch neben den Stein legen)***, umgeben von den drei Eichhörnchenkindern, der Eulenfamilie, dem kleinen Fuchs sowie den Waschbären und einem dutzend Vögelchen ***(die Tierfiguren halbkreisförmig um die Fee aufstellen).*** Alle schauten die Fee Fulda gespannt an und lauschten ihren Worten. Doch Fulda bat die Tiere heute um einen besonderen Gefallen. Alle Tiere sollten die Augen schließen, während sie ihre Geschichte erzählen würde. Die Tiere hörten auf das, was die Fee ihnen sagte, und schlossen ihre Augen. *„Ich nehme euch heute mit auf eine Reise durch die vier Jahreszeiten“*, sagte Fulda. *„Wir beginnen unsere Reise im Winter. Im Winter sind die Tage kürzer, das heißt, es wird schneller dunkel. Die Sonne scheint weniger und dadurch ist es auch kälter. Spürt ihr die Kälte auf eurer Haut?“*, fragte Fulda mit sanfter Stimme. *„Doch wenn es dann zu schneien* ***(die Watte in Flocken auf die Höhle und die Tierfiguren fallen lassen)*** *beginnt und kleine Flocken leise vom Himmel herabschweben, wenn die Sonne rauskommt und sie die Eiskristalle in allen Regenbogenfarben zum Glitzern bringt, dann ist auch der eigentlich kalte und dunkle Winter wunderschön.“ „Nach dem Winter kommt dann der Frühling* ***(die Watte wieder einsammeln).*** *Die Sonne wird kräftiger, scheint länger und weckt die Blumen und Pflanzen auf. Die Zugvögel kommen aus dem Süden zurück, Zwitschern erfüllt die Luft und auch die Insekten schwirren munter und fleißig umher. Die Blumen beginnen, zu blühen* ***(die Blumen zwischen den Tierfiguren auf dem Boden verteilen),*** *und bilden bunte Farbkleckse auf den satten, grünen Wiesen unseres Waldes“*, erklärt Fulda weiter. *„Und dann wird es langsam noch wärmer, der Sommer kommt* ***(die Blumen wieder einsammeln).*** *Im Sommer ist es sehr warm, die Vögel erfrischen sich im See und auch die Frösche kühlen sich ab. Die Bienen schwirren fleißig von Blüte zu Blüte und sammeln Nektar. Die ersten Walderdbeeren* ***(die Früchte aus Holz auf dem Boden verteilen)*** *leuchten rot unter den Blättern und die ersten Blaubeeren beginnen, zu wachsen“*, fährt die Fee Fulda fort. *„Nach dem warmen Sommer* ***(die Holzfrüchte einsammeln)*** *beginnen nun die Blätter der Bäume, sich zu verfärben. Rote, gelbe, orange und braune Blätter beginnen, herabzufallen* ***(die Blätter von oben auf die Tiere fallen lassen),*** *und tauchen den Wald in ein buntes Blättermeer. Der Herbstwind weht manchmal ganz sanft, manchmal sehr stürmisch durch die Baumkronen und langsam wird es wieder kälter“*, beschreibt Fulda die Reise in den Herbst. *„Und wenn der Herbst endet* ***(die Blätter wieder einsammeln),*** *beginnt es wieder mit dem Einzug des Winters“*, sagt Fulda, *„So vergeht Jahr um Jahr. Diese vier Jahreszeiten begleiten uns in jedem Jahr, egal, was passiert, sie sind immer gleich. Alle anders und dennoch einzigartig und wunderschön“*, schwärmt die kleine Fee Fulda. Die Tiere öffnen langsam die Augen. *„Unsere schöne Natur...“*, flüstert eines der Eulenkinder leise und die anderen Tiere nicken zustimmend.

TITEL: DIE KLEINE SCHNEEFLOCKE

THEMA: *Winter*

REQUISITEN:

- ✓ eine Schneeflocke aus Papier (als Protagonist)
- ✓ zwei kleine Figuren oder Puppen (als Kinder)
- ✓ ein Fenster aus Papier (als Landeplatz für die Schneeflocke)
- ✓ ggf. Mobiliar und Bilder/Stifte (zur Einrichtung für das Zimmer der Kinder und als Malutensilien der Kinder)

https://bit.ly/3dqO229
Link oder QR-Code
zum Audio-Guide

ERZÄHLUNG:

(Zunächst das Fenster auf den Boden stellen und das Mobiliar sowie die Puppen dahinter platzieren). Draußen ist es kalt. Kalt und irgendwie ein wenig dunkel. Die Luft ist klar und es weht ein sanfter, aber eisiger Wind. Die Wolken hängen grau und schwer am Himmel. Plötzlich, ganz leise und langsam, schwebt etwas durch die Luft ***(die Papierflocke hoch in die Luft heben und sanft hin und her bewegen).*** Klein. Weiß. Kalt. Und wunderschön. Das kleine weiße Ding tanzt durch die Luft, macht einen Schlenker nach rechts (***die Flocke nach rechts bewegen***), eine Drehung nach links ***(die Flocke nach links drehen),*** wird vom Wind etwas in die Höhe gehoben (***höher halten***) und sinkt dann behutsam wieder etwas herab ***(nach unten sinken lassen),*** bis es schließlich leise und sanft an der Fensterscheibe eines Hauses landet ***(am Fenster landen lassen).*** Das kleine weiße Ding schaut durch das Fenster hinein. Im Inneren des Hauses sieht es zwei Kinder ***(die beiden Figuren etwas bewegen).*** Die Kinder sitzen in einem gemütlichen Zimmer, das von Kerzen erhellt wird. Sie trinken warmen Kakao aus zwei großen Bechern und malen dabei tolle Bilder von bunt geschmückten Tannenbäumen. *„Wie wunderschön“*, denkt sich das kleine weiße Ding. *„Und ich bin hier draußen. Ich bin einfach nur klein und weiß und sitze hier draußen in der dunklen Kälte!“*, seufzt das weiße Ding. Doch plötzlich bemerkt es, dass die Kinder an die Scheibe gekommen sind (***die Figuren von der anderen Seite direkt vor das Fenster stellen).*** Sie schauen aufgeregt hinaus und rufen: *„Es schneit, juhu! Alles ist voller weißer Schneeflocken!“ „Schau mal hier“*, sagt eins der Kinder, *„Guck mal diese kleine Schneeflocke an, die hier am Fenster klebt!“ „Die ist wunderschön!“*, flüstert das andere Kind. Und plötzlich wird dem kleinen weißen Ding ganz warm ums Herz: *„Eine Schneeflocke bin ich also… wie wunderschön.“*

TITEL: DER FARBZWERG

THEMA: *Frühling*

REQUISITEN:

- ✓ eine Zwergenfigur oder Puppe (als kleiner Farbzwerg)
- ✓ bunte Blumen (für die Blumenwiese)
- ✓ ein kleiner Ast (als Zauberstab)
- ✓ ein Stein (als Fels für die Höhle)
- ✓ ein gelber Ball (als Sonne)
- ✓ ein Stück grünen Stoff (als grüne Wiese)

https://bit.ly/3RZ99rs
Link oder QR-Code
zum Audio-Guide

ERZÄHLUNG:

(Zunächst den grünen Stoff auf dem Boden oder dem Tisch ausbreiten, den Stein daneben- oder daraufstellen und zum Schluss den Zwerg daraufsetzen). Es war einmal ein kleiner Zwerg, der in seiner Höhle auf einem großen Fels saß. Dem Zwerg war langweilig. *„Mir ist sooo langweilig"*, stöhnte der kleine Zwerg. *„Der Winter dauert nun schon so lange... alles ist dunkel, alles ist grau und kalt... Ich will endlich wieder etwas Sonne, etwas Farbe und Spaß!"*, sagte der Zwerg zu sich selbst. Entschlossen steckte der kleine Zwerg seinen Zauberstab ***(den kleinen Ast in die Höhe halten)*** ein und marschierte aus seiner Höhle schnurstracks auf die große Wiese ***(den Zwerg vom Stein nehmen und etwas über den grünen Stoff bewegen).*** *„Nun wollen wir doch mal sehen..."*, murmelte er leise vor sich hin, *„Wie ging das noch? Ach ja, die Augen schließen und ganz fest an etwas denken. Nun gut, dann wollen wir mal!"* Der Zwerg zückte seinen Zauberstab, hielt ihn hoch in die Luft und schloss die Augen ***(den Zauberstab hoch in die Luft halten und dabei selbst für einen kurzen Moment die Augen schließen).*** In seinem Kopf dachte er ganz fest an die Frühlingssonne. An diese große, gelbe Sonne, die sanft mit ihren warmen Strahlen die Erde erwärmt. Der Zwerg öffnete die Augen und sah die große, runde, gelbe Sonne über sich leuchten ***(den kleinen gelben Ball über den Zwerg in die Luft halten)*** und fühlte die sanfte Wärme auf seiner Haut. *„Prima"*, freute sich der Zwerg. Er schloss erneut die Augen und dachte an die vielen bunten Blumen. An rote, gelbe, blaue und weiße Blüten, die ihre bunten Blätter in die Höhe recken und ihren süßen Duft verbreiteten ***(die bunten Blumen beliebig auf dem grünen Stoff verteilen).*** Er öffnete die Augen und war umgeben von einem Meer aus bunten Blumen. Und während sich der kleine Zwerg noch freudig umsah, hörte er bereits die ersten Vögel zwitschern und die Bienen leise summen. *„Nun beginnt der Frühling"*, dachte er zufrieden.

TITEL: DOOFER REGEN

THEMA: *Regen*

REQUISITEN:

- ✓ zwei Froschfiguren oder Plüschtiere (als Frösche)
- ✓ grüner Stoffkreis (als Seerosenblatt)
- ✓ blaue Stoffkreise (als Pfützen)
- ✓ blauer Kreis aus Papier oder Stoff (als Teich)
- ✓ Stöcke und Blätter (zum Höhlenbau)
- ✓ Murmeln (als Regentropfen)
- ✓ ein gelber Ball (als Sonne)

https://bit.ly/3LtljX6
Link oder QR-Code
zum Audio-Guide

Erzählung:

(Zunächst den blauen Kreis aus Stoff oder Papier auf den Tisch oder den Boden legen und an einer beliebigen Stelle den grünen Kreis platzieren. Zum Schluss noch den kleinen Frosch auf den grünen Kreis setzen). Ein kleiner grüner Frosch namens Fridolin saß mitten in einem großen Teich auf dem Blatt einer Seerose. Er hatte die Augen geschlossen, lauschte den Geräuschen der anderen Tiere und Insekten und genoss die warmen Sonnenstrahlen. Plötzlich tropfte ein einzelner kleiner Tropfen mitten auf Fridolins Kopf ***(mit einer der Murmeln auf den Kopf des Frosches tippen und diese anschließend neben dem Frosch auf den grünen Kreis legen).*** Der kleine Frosch öffnete blinzelnd die Augen und sah, dass sich der Himmel verdunkelt hatte. Dicke Wolken hatten sich vor die Sonne geschoben und aus ihnen fielen nun große Regentropfen auf die Erde hinab ***(die restlichen Murmeln nach und nach auf den blauen und den grünen Kreis „tropfen" lassen und dann darauf liegen lassen).*** *„Oje"*, dachte Fridolin, *„ich muss mich dringend in Sicherheit bringen und Schutz vor dem Regen finden!"*. Mit einem großen Sprung hüpfte er an das Ufer des Teiches ***(den Frosch von dem grünen Kreis an den Rand des blauen Kreises hüpfen lassen).*** Schnell sammelte er sich ein paar Stöcke und Blätter zusammen und versuchte, sich daraus eine Höhle zu bauen, die ihn vor dem Regen schützen sollte ***(den kleinen Frosch locker mit den kleinen Zweigen und Blättern bedecken).*** Doch so sehr sich der kleine Fridolin auch bemühte, die Höhle wollte nicht so recht halten und immer wieder tropften einzelne Tropfen durch das Blätterdach ***(eine oder zwei Murmeln zwischen den Ästen hindurchschieben).*** *„Doofer Regen"*, schimpfte Fridolin laut. *„Sag das nicht!"*, quakte es plötzlich von draußen. Der kleine Frosch sah hinaus und sah einen fremden Frosch vor seiner Höhle sitzen ***(den zweiten Frosch vor die Höhle des kleinen Frosches stellen).*** *„Was soll ich nicht sagen?"*, fragte Fridolin. *„Na, dass der Regen doof ist"*, wiederholte der fremde Frosch. *„Aber das ist er doch"*, beteuerte Fridolin. *„Schau doch nur, er macht alles nass! Er tropft auf die Bäume und Blumen* ***(erneut eine bis zwei Murmeln auf den Boden tropfen lassen),*** *er macht große Pfützen* **(die kleinen blauen Kreise auslegen)** *und auch mich hat er nass gemacht!"*, rief Fridolin. Der fremde Frosch sah Fridolin an und lächelte. *„Schau nur"*, sagte er, *„Die Bäume und Blumen brauchen den Regen zum Wachsen und Blühen. Und die großen Pfützen nutzen Insekten und Vögel zum Beispiel als Trinkstelle oder für ein erfrischendes Bad. Ist der Regen also wirklich so doof?"*, fragte der fremde Frosch. Fridolin sah aus dem Eingang seiner Höhle. Er sah das satte Grün der Bäume und Pflanzen, das durch den Regen noch stärker zu leuchten schien. Er hörte Insekten munter summen und die Vögel zwitschern. In diesem Moment traf Fridolin wieder ein Regentropfen am Kopf. *„Eigentlich ganz lustig, so warm und nass"*, dachte sich der kleine Frosch und hüpfte quakend und lachend hinaus in den Regen ***(den kleinen Frosch aus den Ästen nehmen und hopsend über den Boden bewegen).***

TITEL: SCHLANGEN-SPAß

THEMA: *Sonne*

REQUISITEN:

- ✓ ein Band oder eine Gummischlange (als Schlange)
- ✓ einen großen Stein (als Fels)
- ✓ ein gelber Ball oder ein gelber Kreis aus Papier/Stoff (als Sonne)
- ✓ blauer Stoff (für den Fluss)
- ✓ Fischfigur (als Fisch)
- ✓ Froschfigur (als Frosch)
- ✓ Affenfigur (als Affe)

https://bit.ly/3f7Y8FT
Link oder QR-Code
zum Audio-Guide

ERZÄHLUNG:

Mitten in Afrika, tief, tief im Regenwald lebte eine Schlange ***(das Band oder die Gummischlange auf den Tisch oder den Boden legen).*** Die Schlange hatte ein schönes Zuhause, direkt an einem langen Fluss ***(das blaue Tuch zu einer länglichen Form eindrehen und neben die Schlange legen).*** Die Schlange liebte es, den Tag über auf einem Felsen ***(den Stein neben den Fluss legen)*** in der Sonne zu liegen ***(die Schlange auf den Stein legen und den gelben Ball oder den gelben Papierkreis kurz über die Schlange in die Luft halten)*** und den anderen Tieren beim Baden und Spielen zuzuschauen. Da kam eines Morgens ein kleiner Fisch im Fluss vorbeigeschwommen ***(den kleinen Fisch über den blauen Stoff zu der Schlange schwimmen lassen).*** *„Hey Schlange“*, rief der Fisch, *„Komm ins Wasser. Es ist herrlich!“* Die kleine Schlange überlegte nicht lange und ließ sich ins Wasser gleiten ***(die Schlange auf das blaue Tuch ziehen).*** Sie spielte mit dem Fisch Verstecken und tauchte dabei, so tief sie konnte ***(den Fisch und die Schlange munter hin und her bewegen).*** Da kam ein kleiner Frosch an das Ufer des Flusses gehüpft ***(den Frosch auf den Stein hopsen lassen).*** *„Hey Schlange, komm doch an Land und lass uns fangen spielen!“* Die Schlange überlegte nicht lange, schlängelte an Land und begann ein lustiges Fangspiel mit dem Frosch ***(die Schlange vom Tuch bewegen und anschließend gemeinsam mit dem Frosch munter hin und her bewegen).*** Da kam ein Affe aus den Baumwipfeln *herunter* ***(den Affen kopfüber vor die Schlange in die Luft halten).*** Kopfüber hing er vor der Schlange und sagte, *„Hey Schlange, lass uns bis hoch in die Baumwipfel klettern. Die Aussicht ist toll!“* Die Schlange überlegte nicht lange und wickelte sich den Stamm hinauf, bis hoch oben in die Baumkrone, und genoss gemeinsam mit dem Äffchen die fantastische Aussicht ***(den Affen und die Schlange hoch in die Luft heben).*** Als die Schlange wieder zurück auf den Boden kam, war sie müde und kaputt ***(die Schlange wieder zurück auf den Boden setzen).*** Sie fühlte sich schlapp und träge... Da spürte sie plötzlich die warmen Sonnenstrahlen auf ihrem Körper ***(den gelben Ball über die Schlange in die Luft heben).*** *„Hey Schlange“*, flüsterte die Sonne leise, *„Leg dich wieder auf deinen Felsen und ich schenke dir etwas Energie.“* Die Schlange schlängelte sich zurück auf ihren Felsen ***(die Schlange wieder auf den Stein bewegen und dort ablegen).*** Dieser war von der Sonne bereits schön aufgewärmt. Gemütlich rollte sich die Schlange auf ihrem Stein zusammen und ließ die warmen Sonnenstrahlen auf ihrer Haut tanzen ***(die Schlange einrollen und den gelben Ball nah über die Schlange halten).*** Sie spürte, wie ihr Körper sich erwärmte, und schloss genüsslich die Augen. *„Das war ein schöner Morgen“*, dachte sich die Schlange im Stillen. *„Nun tanke ich neue Energie und heute Nachmittag erlebe ich dann mit voller Kraft die nächsten Abenteuer“*, zischte die Schlange leise und döste ein.

TITEL: DER WILDE DRACHE

THEMA: *Wind*

REQUISITEN:

- ✓ Watte (als Wolken)
- ✓ bunte Blätter (zum Herumwirbeln im Wind)
- ✓ ein bunter Drache (als Drache)
- ✓ ein gemalter Wirbelsturm (als Wind)
- ✓ ein Stock mit mehreren Verästelungen (als Baum)

https://bit.ly/3Sn2lDX
Link oder QR-Code
zum Audio-Guide

Erzählung:

(Zunächst die Watte flockenweise auf dem Tisch oder dem Boden verteilen*).** Es war einmal ein kleiner Drache mit bunten Schleifen ***(den Drachen in die Höhe halten). Der Drache liebte es, zu fliegen. Am liebsten tanzte er hoch oben im Himmel ***(den Drachen weiter nach oben bewegen),*** tobte durch die Wolken ***(den Drachen auf der Watte bewegen)*** und drehte rasante Loopings ***(den Drachen in der Luft einen Looping machen lassen).*** Eines schönen Herbstmorgens schien die Sonne in voller Pracht und ein kräftiger Wind pustete einige Wolken den Himmel entlang. *„Perfektes Drachen-Wetter“,* dachte sich der kleine Drache. Er machte sich ganz groß und gerade und ließ sich von der nächsten Böe mit in die Höhe tragen ***(den Drachen erneut in die Höhe halten und munter hin und her bewegen).*** Der kleine Drache jubelte und lachte, während er fröhlich durch die Luft tanzte. Der Wind pustete ihn mal nach links und mal nach rechts ***(den Drachen nach links und rechts bewegen*),** ließ ihn erst höher steigen und dann etwas herabsinken ***(den Drachen nach oben und unten bewegen).*** Der kleine Drache war so in sein Spiel versunken, dass er vollkommen vergaß, auf seine Umgebung zu achten. Und plötzlich passierte es: Der kleine Drache drehte einen doppelten Looping, passte nicht auf, wohin er dabei flog, und landete in den Ästen eines großen Baumes ***(den Drachen zwischen die Zweige des Astes stecken).*** *„Oh nein, nun habe ich mich verfangen und stecke fest!“,* dachte sich der kleine Drache. Der Drache wurde traurig und bekam ein bisschen Angst. *„Kann mir jemand helfen?“,* rief der Drache laut. In diesem Moment begann der Wind, stärker zu werden. Blätter wirbelten durch die Luft ***(die Blätter von oben herab rieseln lassen*)** und der Baum begann, im Wind zu schaukeln ***(den Ast sanft hin und her bewegen).*** Der Wind wurde immer stärker und stärker ***(den gemalten Wirbel im Kreis um den Ast herum bewegen)*** und als die nächste große Böe kam, drückte sie den kleinen Drachen mit einem Ruck aus den Ästen des Baumes ***(den Drachen aus dem Ast herausziehen).*** Der kleine Drache war frei. *„Danke, lieber Wind“,* rief der Drache. Und der Wind beruhigte sich und wurde ruhiger und sanfter. *„Bitte lieber Drache“,* flüsterten die Windböen dem Drachen zu und der kleine Drache stieg fröhlich auf und flog dem Himmel entgegen ***(den Drachen nach oben hin wegfliegen lassen).***

TITEL: DER STURM TOBT

THEMA: *Wut*

REQUISITEN:

- ✓ ein abgerolltes Wollknäuel zum Aufrollen (als wachsender Sturm)
- ✓ einen Papierdrachen (als Drachen)
- ✓ Blätter (als Blätterhaufen)
- ✓ einige Äste (als Bäume)
- ✓ ein Stück blauen Stoff (als See)
- ✓ ein kleines Papierboot (als Boot des Jungen)

https://bit.ly/3qQzFqT
Link oder QR-Code
zum Audio-Guide

Erzählung:

(Zunächst drei Stationen mit etwas Abstand zueinander aufbauen. Die erste Station sind die Blätter, die als Haufen gelegt werden, die zweite Station sind die Äste und als dritte Station den blauen Kreis als See auf den Boden legen). Waldi war ein kleiner Windstoß ***(das Ende vom abgerollten Wollknäuel in die Höhe halten und sanft hin und her bewegen).*** Ein Hauch. Eine sanfte Brise. Ein leichtes Pusten. Manchmal wehte er über eine Wiese und streichelte die Blumen. Manchmal glitt er durch die Baumkronen und kitzelte die Blätter. Waldi mochte es, so leicht und sanft zu sein. Eines Tages wehte Waldi gerade über ein großes, weites Feld, als er zwei Kinder bemerkte. Eines der Kinder hielt einen bunten Drachen in der Hand und das andere eine Schnur ***(den kleinen bunten Drachen in die Luft halten).*** Gemeinsam versuchten sie, den Drachen in die Luft steigen zu lassen, doch so sehr sich die Kinder auch bemühten – der Drache wollte einfach nicht in die Höhe steigen. Waldi wollte den Kindern helfen und wehte um den Drachen herum ***(das Ende des Wollknäuels wild um den Drachen herum bewegen).*** Er sauste darunter entlang und wirbelte herum. Doch so sehr sich Waldi auch anstrengte, der kleine Windstoß war einfach nicht stark genug, um den Drachen emporzuheben ***(den Drachen auf den Boden legen).*** *„Blöder Wind!“*, schimpfte da eines der Kinder. *„Ja, recht hast du. Der doofe Wind ist einfach zu schwach!“*, erwiderte das andere Kind. Als Waldi das hörte, wurde er traurig und auch ein bisschen wütend. Er hatte sich so bemüht, den Kindern zu helfen, und nun schimpften sie einfach über ihn. In Waldi begann es, aufgeregt zu kribbeln, und er sauste davon ***(das Ende des Wollknäuels etwas weiter zu einem Knäuel aufrollen und zum Blätterhaufen bewegen).*** Immer noch aufgebracht, wehte er durch einen benachbarten Garten und wirbelte dabei einen Blätterhaufen durcheinander ***(mit dem Wollknäuel den Blätterhaufen kaputtwirbeln).*** *„Mist! So ein verflixter Wind!“*, hörte er eine Frau aus dem Garten rufen. Da spürte Waldi es noch doller in sich kribbeln und wehte wütend in einen Wald ***(das Wollknäuel noch etwas mehr aufrollen und zu der Station mit den Ästen bewegen).*** Im Wald tobte Waldi durch die Baumkronen und bemerkte gar nicht, wie groß und stark er schon geworden war. Die Äste schwankten hin und her ***(mit dem Wollknäuel an den Ästen rütteln)*** und die Blätter tanzten wild durch die Luft, so dass die Vögel verärgert ihre Nester verließen und lauthals zu schimpfen begannen. *„Nichts mache ich richtig. Alle beschweren sich immer nur“*, ärgerte sich Waldi und wehte weiter an einen nahegelegenen See ***(das Wollknäuel noch etwas mehr aufwickeln und dabei zu dem blauen Kreis bewegen).*** Er tobte und wirbelte inzwischen wild umher, sodass sich auf dem Wasser nicht nur kleine Ringe bildeten, sondern richtig große Wellen entstanden ***(das Knäuel wild über dem Kreis hin und her bewegen)***. Waldi war wütend und während er seine ganze Wut herausließ, hörte er plötzlich eine Stimme. *„Juhu, Papa sieh nur. Mein Boot!“*, jubelte ein kleiner Junge. Gemeinsam mit seinem Papa stand er am Ufer des Sees. Sie hatten ein Papierboot auf die Wasseroberfläche gesetzt und dieses fuhr nun durch das tobende Wellenmeer, das Waldi durch seine Wut erzeugt hatte ***(das kleine Schiff auf den blauen Kreis setzen und zügig hin und her fahren lassen).*** *„Ja, der Sturm bringt dein kleines Boot ganz schön in Fahrt!“*, sagte der Vater. *„Sturm – wer? Ich?!“*, wunderte sich Waldi. Und als er auf die spiegelnde Wasseroberfläche schaute und sah, wie groß und mächtig er geworden war, begriff er, dass der Vater tatsächlich ihn gemeint hatte. Seine Wut war so groß geworden, dass sie unbemerkt immer weitergewachsen ist und aus dem einst kleinen Windstoß einen gewaltigen Sturm gemacht hatte. Doch als Waldi die Freude des Jungen sah, beruhigte er sich etwas ***(das Wollknäuel langsam etwas abrollen).*** Der Sturm flaute ab und Waldi wurde ruhiger und sanfter. Er konzentrierte sich nur noch auf das Boot des kleinen Jungen und pustete es sanft, aber schnell über den See ***(das Ende des abgerollten Knäuels nahe an das kleine Schiff halten und beides zügig über den blauen Kreis bewegen)***. Der Junge jubelte und Waldi war glücklich. *„Ich mache also doch etwas richtig!“*, freute sich Waldi und wehte sanft davon ***(das Ende des Wollknäuels langsam wegfliegen lassen).***

TITEL: DER KLEINE WÜTENDE GEIST

THEMA: *Wut*

REQUISITEN:

✓ zehn kleine weiße Papiergeister (als Geister)

✓ zehn kleine Stoffreste (als Bettdecken)

✓ eine leere Zewarolle mit Spitze und aufgemalter Uhr

(als Burgturm)

✓ Ketten (zum Rasseln)

✓ eine Tür aus Papier (zum Quietschen)

✓ ein gruseliges Gesicht aus Papier (als Fratze)

https://bit.ly/3xDyRJW
Link oder QR-Code
zum Audio-Guide

Erzählung:

(Zunächst die Zewarolle auf den Boden oder den Tisch stellen und die Papiergeister darum herum legen). In einer alten, verlassenen Burg lebten einmal zehn Geister. Wie es sich für waschechte Geister gehörte, schliefen sie tagsüber natürlich tief und fest in ihren Betten. Doch nachts, wenn die große Turmuhr Mitternacht schlug, erwachten die kleinen frechen Gespenster und trieben ihr Unwesen. Manche rasselten mit Ketten ***(mit den Ketten klimpern),*** andere quietschten mit Türen ***(die Papiertür hin und her bewegen und dabei bei Bedarf quietschende Geräusche machen)*** und wieder andere schnitten gruselige Grimassen ***(das gruselige Papiergesicht hochhalten)*** und erschreckten sich gegenseitig. *„Was waren das für spukig-schöne Nächte?"*, freuten sich alle Geister – alle, bis auf einen kleinen Geist ***(einen Papiergeist nehmen und in die Luft halten).*** Der kleine Geist mochte das ganze Gespuke nicht, doch wobei – eigentlich mochte er es schon, er konnte es nur leider nicht sonderlich gut. Wann immer der kleine Geist versuchte, mit den Ketten zu rasseln, verhedderte er sich in ihnen ***(den kleinen Geist auf den Boden legen und die Ketten auf ihn legen).*** Wann immer er eine Tür quietschen lassen wollte, klemmte er sich die Finger ***(die Papiertür auf den Geist legen und leise „Aua" rufen).*** Und wenn er die anderen Gespenster mit einer Grimasse erschrecken wollte ***(nochmals das gruselige Papiergesicht hochhalten),*** lachten diese bloß und riefen: *„Das sieht ja niedlich aus!"* Niedlich! Welches Gespenst wollte denn niedlich aussehen? Gruselig – *ja.* Furchterregend – *ja.* Zum Schreien – *ja.* Aber niemals und auf gar keinen Fall „niedlich". Traurig lag der kleine Geist in seinem Bett ***(alle Geister wieder auf den Boden legen und mit den kleinen Stoffresten zudecken).*** Die Turmuhr hatte noch nicht geschlagen, aber er wusste, dass gleich Mitternacht sein würde. Kurz vor dem ersten Glockenschlag flog er aus seinem Bett, schwebte zu einem anderen Geist ***(den kleinen Geist zu einem beliebigen anderen Geist fliegen lassen)*** und zog eine fürchterliche Grimasse. Als das andere Gespenst blinzelte und den kleinen Geist mit seiner süßen Grimasse sah, musste es leise kichern ***(den zweiten Geist bewegen und leise kichern).*** Plötzlich wurde der kleine Geist so wütend, dass er hoch in die Luft flog ***(den kleinen Geist hoch in die Luft halten)*** und laut und wütend aufheulte. *„Gemeinheit!!!!"*, jaulte er mit gespenstischer Stimme und verzog dabei sein Gesicht. In diesem Moment schlug die große Turmuhr Mitternacht. Als die anderen Gespenster das fürchterliche Jaulen und die Glocken der Turmuhr hörten, blickten sie hinauf und sahen hoch über sich eine schrecklich gruselige Fratze. Die Geister erschraken fürchterlich, flogen wild durcheinander und rissen ängstlich die Augen auf ***(die restlichen Geister wild umherbewegen).*** Als der kleine Geist das sah, musste er vor Freude und Erstaunen laut lachen ***(den kleinen Geist zurück auf den Boden bewegen und dabei laut „hahaha" machen).*** Endlich hatte er es geschafft, die anderen auch einmal zu erschrecken. Nun erkannten auch die anderen Gespenster den kleinen Geist und ihre Angst war verflogen, sie waren stolz auf die Spukkünste des kleinen Geistes und klatschten anerkennenden Beifall. Seitdem freuten sich alle Gespenster auf Mitternacht – auch der kleine Geist.

TITEL:

DER WÜTENDE WÜSTENFROSCH

THEMA: *Wut-Geschichte*

REQUISITEN:

- ✓ drei Frösche aus Holz oder Plüsch (als Wüstenfrösche)
- ✓ Papierschnipsel (als Käfer und Insekten)
- ✓ gelber Stoff (als Wüstensand)
- ✓ blauer Stoff (als Tümpel)
- ✓ eine Hupe (zum Quietschen)

https://bit.ly/3BndygM
Link oder QR-Code
zum Audio-Guide

ERZÄHLUNG:

Mitten in der Wüste ***(den gelben Stoff auslegen***) lebte einmal eine kleine Wüstenfroschfamilie ***(die drei Froschfiguren zeigen).*** Die meiste Zeit ist es in der Wüste sehr heiß und trocken. Doch manchmal, wenn es geregnet hatte, fanden die Frösche kleine Tümpel ***(den blauen Stoffkreis auf die Wüste legen),*** in denen sie gemeinsam leben und spielen konnten. Nach einer sehr langen Trockenzeit hatte es wieder einmal geregnet und die Wüstenfrösche hatten einen großen Tümpel entdeckt ***(die drei Frösche auf den blauen Kreis stellen).*** Mama und Papa Wüstenfrosch hopsten so gleich ins kühle Nass und auch das Froschkind wollte sich abkühlen. Nachdem die Familie im Tümpel ausgiebig gebadet hatte ***(die Frösche hin und her bewegen),*** bekamen alle Hunger. Viele Insekten schwirrten durch die Luft ***(die Schnipsel über die Frösche regnen lassen)*** und die Frösche machten sich bereit für die Jagd. Während Mama und Papa Frosch erfolgreich einige Fliegen schnappten ***(zwei der Frösche ruckartig auf einen Schnipsel zubewegen),*** gelang es dem kleinen Froschkind einfach nicht, ein Insekt zu fangen. So sehr es sich auch bemühte, die Fliegen flogen schneller und die Käfer krabbelten flinker ***(den dritten Frosch wild umherhopsen lassen).*** Wütend begann das kleine Froschkind, zu quieken ***(mit der Hupe einige Male laut und wild quieken).*** *„Das ist doch gemein! Wieso können die anderen Futter fangen und ich einfach nicht?!“*, schimpfte es. Sein Magen grummelte immer stärker und der kleine Frosch schimpfte lauter und quiekte fürchterlich wütend herum ***(wieder wild mit der Hupe quieken).*** Plötzlich standen Mama und Papa Frosch hinter ihm ***(die anderen beiden Frösche zu dem dritten Frosch stellen).*** *„Atme tief durch, kleiner Frosch“*, flüsterte Mama. *„Konzentriere dich, du schaffst das!“*, sagte Papa zu ihm. Und der kleine wütende Frosch holte tief Luft. Er atmete tief ein und tief aus ***(laut hörbar ein- und ausatmen).*** Er beruhigte sich, sein Herz klopfte ruhiger und die Wut verflog ganz langsam. Da sah er eine kleine Fliege vorbeifliegen. Das Wüstenfroschkind konzentrierte sich. *„Ich schaff das!“*, dachte es sich. Und schnapp – der kleine Wüstenfrosch hatte die Fliege gefangen ***(den Frosch ruckartig zu einem Schnipsel bewegen und diesen anschließend verschwinden lassen).*** Lecker.

TITEL: DIE SCHLEIEREULE

THEMA: *Mut-Geschichte*

REQUISITEN:

- ✓ drei Eulen aus Holz oder Plüsch (als Schleiereulen)
- ✓ ein dicken Baumstamm (als Baum)
- ✓ ein grünes Tuch (als Wald)
- ✓ ein Nest aus Stoff, Federn oder Stroh (als Eulennest)
- ✓ Knisterpapier (zum Rascheln)
- ✓ ein dunkles Tuch (als Schatten)

https://bit.ly/3QZDnt9
Link oder QR-Code
zum Audio-Guide

Erzählung:

Mitten in einem großen Wald ***(das grüne Tuch ausbreiten)*** wohnte einmal eine kleine Schleiereulenfamilie hoch oben in einem Baum ***(den Baumstamm mittig auf das Tuch stellen).*** Der Baum der Eulenfamilie war so dick und groß, dass das kleine Eulenkind von seinem Nest aus den gesamten Wald überblicken konnte ***(das Nest auf den Baumstamm stellen und eine der Eulenfiguren hineinstellen)***. Das Eulenkind war in diesem Wald geboren und groß geworden. Es kannte jeden Baum und jedes Tier, das in diesem Wald lebte. Selbst wenn die Sonne schon längst untergegangen war, konnte das Eulenkind dank seiner guten Augen alles erkennen und sogar in dunkelster Nacht mühelos seine Runden durch den Wald fliegen. Natürlich nicht allein – Mama und Papa Schleiereule begleiteten ihr Kind stets auf den täglichen Rundflügen ***(die anderen beiden Eulen mit in das Nest stellen).*** Und auch bei der Mäusejagd blieb immer ein Elternteil beim Eulenkind im Nest, während das andere Elternteil auf Futtersuche ging. Eines Tages sagte das Eulenkind jedoch zu seinen Eltern: *„Schuhuu, warum bleibt eigentlich immer einer von euch bei mir? Ich bin doch kein Küken mehr! Ich kann schon allein im Nest bleiben!"* Die Euleneltern sahen sich überrascht an und überlegten kurz. Dann sagte Mama Schleiereule: *„Nun gut, heute Abend darfst du allein im Nest bleiben, während Papa und ich auf Mäusejagd gehen." „Schuhu-Juhu"*, freute sich das Eulenkind. *„Aber nur, wenn du dich wirklich traust, allein zu bleiben!"*, wandte der Eulenpapa noch einmal ein. *„Natürlich traue ich mich das, Papa! Ich bin schon groß und supermutig! Eulen-Eier-Leicht!"*, spottete das Eulenkind. Und als die Sonne unterging, gaben die Eltern ihrem kleinen Eulenkind einen Abschiedskuss ***(die beiden Euleneltern geben dem Eulenkind einen laut hörbaren Schmatzer und fliegen anschließend aus dem Nest davon)*** und flogen aus dem Nest hinaus in die dunkle Nacht. Die kleine Eule streckte genüsslich die Flügel aus, plusterte ihre Federn auf und legte sich gemütlich ins Nest. Den Schnabel stützte es dabei auf dem Nestrand auf, so dass es einen tollen Blick hinaus in die Weite des Waldes hatte. *„Eulen-Eier-Leicht, dieses Alleinbleiben"*, dachte sich das Eulenkind. Doch plötzlich hörte es etwas rascheln ***(mit dem Knisterpapier leise rascheln)***. Was war das? Neugierig spitzte die Eule die Ohren und lauschte angestrengt. Da raschelte es schon *wieder* ***(erneut mit dem Knisterpapier rascheln, dieses Mal etwas lauter),*** doch etwas lauter. War das Rascheln nähergekommen? Das Eulenkind bekam ein mulmiges Gefühl. *„Eulen-Eier-Leicht!"*, sprach es sich selbst Mut zu. *„Bestimmt war es nur das Rascheln einer Maus!"*, dachte es laut und kuschelte sich noch etwas tiefer ins Nest. Da sah es plötzlich einen dunklen Schatten im Baum gegenüber huschen ***(das dunkle Tuch flatternd in der Nähe des Eulennests bewegen).*** Das Eulenkind machte sich ganz klein im Nest. Was war das für ein Schatten gewesen? *„Eulen-Eier-Leicht, Eulen-Eier-Leicht, Eulen-Eier-Leicht!"*, flüsterte die kleine Eule, um sich selbst zu beruhigen. Als ein kalter Wind durch das Nest zog und zwischen die Federn der Eule wehte, erschauderte das Eulenkind und bekam eine Gänsehaut. *„Ich hab keine Angst!"*, rief es laut in die Nacht. *„Na dann ist ja gut, schuhu!"*, hörte die kleine Eule eine bekannte Stimme sagen. Das Eulenkind ***(die kleine Eule einmal um sich selbst drehen und die beiden anderen Eulenfiguren wieder in das Nest stellen)*** drehte sich um und vor ihm standen Mama und Papa Schleiereule, mit jeweils einer Maus im Schnabel. Erleichtert atmete die kleine Eule auf. *„War doch Eulen-Eier-Leicht, allein zu bleiben"*, sagte das Eulenkind etwas unsicher. *„Aber im Dunkeln kann es vielleicht doch etwas unheimlich sein, so ganz alleine"*, gab die kleine Eule zu. *„Du hast das ganz toll gemacht!"*, lobten sie Mama und Papa, *„Und vergiss nicht, nur weil es dunkel ist, ist der Wald noch immer der Gleiche. Du brauchst dich nicht zu fürchten."* Die kleine Eule war stolz, dass sie ihre Angst überwunden hatte, kuschelte sich zwischen Mama und Papa und freute sich schon auf das nächste Mal „Alleinsein". Denn das ist ja schließlich Eulen-Eier-Leicht!

TITEL: BRÜLLI, DER KLEINE LÖWE

THEMA: *Mut-Geschichte*

REQUISITEN:

- ✓ eine Löwenfigur aus Holz oder Plüsch (als Brülli)
- ✓ ein gelbes Stück Stoff (als Wüste)
- ✓ etwas Sand oder Mehl (als Staub)
- ✓ eine Erdmännchenfigur (als Erdmännchen)

https://bit.ly/3Luxtiu
Link oder QR-Code
zum Audio-Guide

ERZÄHLUNG:

(Den gelben Stoff auf dem Boden oder dem Tisch ausbreiten). In der heißen Sonne Afrikas wurde der kleine Löwe Brülli wach (***den kleinen Löwen auf den Stoff stellen).*** Seine Eltern hatten ihn so genannt, weil er immer sehr laut rumbrüllte, vor allem, wenn ihm etwas nicht passte. Aber die anderen Tiere waren sehr verwundert über den Namen, denn wenn die Familie Löwe unter die Tiere ging, wurde er sehr leise und brachte meistens keinen Ton heraus. Die Löweneltern erzählten dann immer, wie laut ihr kleiner Löwe brüllen konnte, aber er wollte es nie vor anderen zeigen. Der kleine Brülli streckte seine Pfoten aus und rollte auf dem Rücken herum ***(die Löwenfigur hin und her rollen),*** dabei wirbelte er etwas Staub ***(den Sand oder das Mehl über den Löwen rieseln lassen)*** auf und er musste laut Niesen ***(lautstark „Hatschi" sagen).*** Das hörte das Erdmännchen Eddi ***(die Erdmännchenfigur auf den Stoff stellen und sanft hin und her bewegen)*** und rief, *„Oha! Der kleine Brülli hat einen Laut von sich gegeben."* Dem kleinen Löwen war das sehr unangenehm, weil er sich ja eigentlich nicht traute, vor anderen etwas von sich zu geben. *„Vielleicht hätten deine Eltern dich lieber ‚Schnupfi' nennen sollen"*, sagte Eddi und lachte laut ***(das Erdmännchen bewegen und laut „hahaha" sagen).*** Das fand der kleine Brülli überhaupt nicht lustig, er nahm seinen ganzen Mut zusammen und brüllte sein lautestes Kleine-Löwen-Brüllen ***(den kleinen Löwen sanft bewegen und laut brüllen).*** Eddi machte große Augen und war auch etwas erschrocken. *„Ui ui ui"*, sagte er, *„das war aber ein Brüllen, da wirst du deinem Namen doch gerecht."* Brülli war sehr zufrieden mit sich selbst und brüllte jetzt jederzeit und überall, sogar vor allen Tieren, die er traf. Und er traf so einige Tiere...

TITEL: DER WAL UND DER FISCH

THEMA: *Mut-Geschichte*

REQUISITEN:

- ✓ eine Fischfigur (als kleiner blauer Fisch)
- ✓ eine Muschel (als Muschel)
- ✓ eine Krebsfigur aus Holz oder Papier (als Krabbe)
- ✓ einige Seepferdchen aus Papier (als Seepferdchen)
- ✓ eine Vogelfigur (als Möwe)
- ✓ einen Wal aus Holz oder Plüsch (als Wal)
- ✓ etwas Knisterpapier (als Meeresrauschen)
- ✓ ein Stück blauen Stoff (als Wasseroberfläche)
- ✓ einen gelben Ball (als Sonne)

https://bit.ly/3dwxMgb
Link oder QR-Code
zum Audio-Guide

Erzählung:

(Zunächst das blaue Tuch ausbreiten). In einem großen Ozean schwamm einmal ein kleiner, blauer Fisch ***(die Fischfigur über das Tuch schwimmen lassen).*** Er liebte es, durch die sanften Wellen zu sausen, durch die bunten Korallen zu tauchen und das Glitzern der Sonne nahe der Wasseroberfläche zu beobachten. Doch so sehr er es auch im Wasser liebte, er wollte zu gern einmal wissen, wie es über dem Meer war. Im Trockenen. An der frischen Luft (***die Krabbe auf das Tuch stellen und sanft bewegen).*** *„Viel zu gefährlich, da erstickt man!“*, sagte sein Freund, die Krabbe ***(die Muschel auf das Tuch stellen).*** *„Mach das bloß nicht, da gibt's gefährliche Möwen!“*, blubberte die Muschel ***(die Seepferdchen auf das Tuch legen).*** *„Du bist doch verrückt, da ist es viel zu trocken!“*, wieherten ihm die Seepferdchen zu. Doch der kleine, blaue Fisch konnte nicht aufhören, von der Welt an Land zu träumen ***(alle Tiere außer den Fisch wieder vom Tuch nehmen).*** Eines Tages kam ein großer Wal des Weges geschwommen ***(den Wal langsam über das Tuch bewegen).*** Der kleine, blaue Fisch war beeindruckt von diesem riesigen Tier und er war noch beeindruckter, als er sah, wie der Wal plötzlich an die Wasseroberfläche stieg ***(den Wal etwas nach oben in die Luft heben, hoch nach oben springen lassen und anschließend langsam zurück auf das Tuch führen)***, mit einem mächtigen Sprung heraussprang und mit einem noch mächtigeren Platschen wieder in das Meer hineintauchte. *„Wow“*, staunte der kleine, blaue Fisch. *„Du warst ja an Land!“*, bewunderte er den großen Wal. *„Na ja, an Land nicht direkt“*, brummte der Wal mit tiefer Stimme, *„aber ich war an der Luft. Die brauche ich nämlich zum Atmen“*, erklärte er sich dem kleinen Fisch. *„Hast du denn gar keine Angst?“*, fragte der blaue Fisch den riesigen Wal bewundernd. *„Angst? Wovor?“*, fragte dieser zurück. *„Na, vor dem Ersticken, der Trockenheit und, nicht zu vergessen, vor den gefährlichen Möwen!“*, sagte der kleine, blaue Fisch. Da lachte der Wal. *„Ach quatsch, die Luft brauche ich, wie gesagt, zum Atmen, die Trockenheit ist für so einen kurzen Moment auch gar nicht schlimm, sondern ehrlich gesagt ganz nett und warm und die Möwen, na, das sind kleine Flattertiere – die können mir gar nichts!“*, sagte der Wal selbstbewusst. *„Du hast es gut“*, seufzte der kleine Fisch traurig, *„Ich würde auch so gern mal an die Luft!“* *„Wenn das so ist, hätte ich da eine gute Idee“*, meinte der Wal und öffnete sein großes Maul. *„Vertrau mir und steig ein!“*, brummte er dem kleinen, blauen Fisch zu. Der kleine Fisch zögerte zunächst, doch dann schwamm er mutig in den großen Walschlund ***(den kleinen Fisch ganz nah zum Wal bewegen und beide zusammen festhalten).*** Der Wal stieg langsam an die Oberfläche ***(den Wal langsam nach oben in die Luft heben).*** Der Fisch wurde ganz aufgeregt und dann plötzlich war es so weit: Es wurde hell und plötzlich war er nicht mehr im Meer. Natürlich war er noch im Wasser, denn er schwamm ja in dem Walmaul, doch er war an der Luft. Der kleine Fisch konnte sich gar nicht sattsehen: Er sah Wellen mit weißen Schaumkronen auf dem Meer, er sah den blauen Himmel mit kleinen weißen Wolken. Er sah die Sonne ***(mit der freien Hand kurz den gelben Ball über den Wal halten)*** hell und leuchtend am Himmel stehen und spürte die warmen Sonnenstrahlen auf seinen Schuppen. Er hörte das Meer rauschen ***(mit dem Knisterpapier rascheln)*** und die Möwen rufen ***(mit der freien Hand eine Möwe über den Wal fliegen lassen).*** Der kleine, blaue Fisch fand es wunderschön. Nach einer Weile sank der Wal wieder in das Meer hinab und der Fisch schwamm aus dem Walmaul zurück ins Meer ***(den Wal zurück auf das Tuch legen und den Fisch ein Stückchen vom Wal wegschwimmen lassen).*** *„Danke“*, blubberte er aufgeregt, *„Das war das Allerschönste, was ich je erlebt habe. Vielen, vielen Dank, lieber Wal!“* *„Gerne doch, mein kleiner Freund“*, brummte der Wal und gemeinsam schwammen sie weiter (***den Wal und den Fisch gemeinsam vom Tuch schwimmen lassen).***

TITEL: BISS MIT FOLGEN

THEMA: *Mut-Geschichte*

REQUISITEN:

- ✓ ein Holzkrokodil (als Krokodil)
- ✓ ein blaues Tuch (als Fluss)
- ✓ eine Vogelfigur (als Storch)
- ✓ einen kleinen Ast (als Ast im Krokodilmaul)
- ✓ eine kleine weiße Murmel (als Krokodilzahn)

https://bit.ly/3Sll1DI
Link oder QR-Code
zum Audio-Guide

Erzählung:

(Zunächst das blaue Tuch eindrehen und der Länge nach auf dem Boden oder dem Tisch ausbreiten. Anschließend das Krokodil darauflegen). *„Au, au, au!"*, das war ein Krokodil, das im Fluss schwamm und laut klagte, *„Au, au mein Zahn!"* Das Krokodil hatte aus Versehen auf einen großen Ast gebissen ***(den kleinen Ast in die Höhe halten)***, weil es dachte, es wäre ein Fisch. Jetzt war ein Zahn halb abgebrochen und sorgte beim Krokodil für fiese Zahnschmerzen. Am Flussufer stand ein Storch ***(die Vogelfigur an den Rand des blauen Tuches stellen)*** und hatte Mitleid mit dem Krokodil. *„Hallo liebes Krokodil, wie ich sehe, hast du dir den Zahn kaputt gebissen. Ich würde dir gerne meine Hilfe anbieten, auch wenn ich keine Zähne habe, kann ich mir vorstellen, wie sehr es dir weh tut"*, sagte der Storch. Das Krokodil sah wehleidig zum Storch und sagte: *„Das wäre wirklich sehr schön, wenn du mir helfen würdest. Was kannst du denn tun?" „Och"*, sagte der Storch, *„Ich schlage vor, dass ich dir den Zahn ziehe."* Das Krokodil machte große Augen und bekam etwas Angst. *„Aber... Aber das tut doch bestimmt weh." „Tja"*, sagte der Storch, *„ich denke schon, aber dann nur einmal kurz und danach nicht mehr."* Das Krokodil überlegte einen kurzen Moment. Da zog wieder ein starkes Ziehen durch den Zahn und es sagte: *„Raus mit dem Übeltäter, ich bin jetzt tapfer!"* Es öffnete den Mund und der Storch kam näher ***(das Krokodil und den Storch direkt nebeneinanderstellen und mit dem Vogelschnabel auf das Maul des Krokodils tippen)***, um den Zahn mit seinem Schnabel zu ziehen. Das Krokodil machte die Augen zu und wartete, bis der Storch fertig war. Zack! Ein kurzes Ziehen und der Schmerz wich einem Gefühl der Leere. Der Zahn war raus ***(die kleine weiße Murmel in die Höhe halten)***. *„Oh, danke, lieber Storch! Ohne dich würde ich immer noch ‚Aua' rufen."* Der Storch schaute zufrieden und sagte: *„Nächstes Mal passt du lieber besser auf, wo du reinbeißt." „Oh ja!"*, sagte das Krokodil und konnte sich schon wieder freuen.

TITEL: PUSTEBLUMEN

THEMA: *Mut-Geschichte*

REQUISITEN:

- ✓ ein Stück grünen Stoff (als Wiese)
- ✓ eine Pusteblume aus Holz oder Papier (als Pusteblume)
- ✓ kleine Stückchen Watte (als Pusteblumensamen)
- ✓ einen gelben Ball oder einen Kreis aus Papier (als Sonne)

https://bit.ly/3xCx4oC
Link oder QR-Code
zum Audio-Guide

Erzählung:

(Zunächst den grünen Stoff auf dem Tisch oder dem Boden ausbreiten). Auf einer großen grünen Wiese stand einmal eine einzelne wunderschöne Pusteblume ***(die Pusteblume auf die Wiese stellen oder legen).*** Die Pusteblume reckte ihren weißen Blütenkopf der Sonne entgegen ***(kurz den gelben Ball über die Blume halten)*** und ein sanfter Wind kitzelte die Pusteblumensamen ***(sanft gegen die Blume pusten).*** *„Ich glaub, es ist Zeit!"*, rief da plötzlich eines der puscheligen Samen. Mutig ließ es den Blütenkopf los und schwebte mit der nächsten Windböe davon ***(ein kleines Stückchen Watte in die Höhe halten und kräftig pusten, so dass die Watte ein etwas davonfliegt).*** *„Das sah lustig aus"*, fanden zwei weitere Samen und auch sie warteten auf den nächsten Windstoß und ließen sich von ihm mitreißen ***(erneut zwei kleine Wattebäusche wegpusten).*** Nach und nach flogen immer mehr Puschelsamen davon ***(mit beliebig viel Watteflocken wiederholen und dann ein letztes Wattebäuschchen in die Höhe halten),*** bis nur noch ein einzelner kleiner Puschel übrig war. *„Warum fliegen denn alle davon? Hier ist es doch schön..."*, dachte sich der kleine Samen. *„Und überhaupt ist fliegen doch gefährlich... So hoch... und schnell... Und wer weiß, wo ich entlangfliege, wo ich ankomme und wie soll man sicher landen?!"*, fragte sich der Puschelsamen unsicher. *„Aber die anderen Samen waren so mutig und es sah ja eigentlich auch ganz spaßig aus..."*, überlegte der Puschelsamen weiter. In seinem Bauch begann es, zu kribbeln, und der kleine Samen wurde ganz aufgeregt. *„Na gut... ich mach das jetzt... ich zähle bis drei und dann fliege ich los!"*, sprach er sich selbst Mut zu. *„1...2...3!"*, rief der kleine Samen laut. Doch nichts geschah. *„Ich trau mich einfach nicht"*, murmelte der kleine Puschel traurig und hielt sich noch immer an der Blüte fest. *„Du schaffst das!"*, flüsterte ihm die Pusteblume plötzlich zu. Und da fasste der kleine Samen neuen Mut. *„Ich schaff das!"*, rief der Puschelsamen laut, ließ los und flog mit dem Wind davon... ***(den letzten Wattebausch kräftig wegpusten).***

TITEL: SCHNELLE HILFE

THEMA: *Du bist gut so, wie du bist*

REQUISITEN:

- ✓ eine Schildkrötenfigur (als Schildkröte)
- ✓ einen gelben Stoffkreis (als Insel)
- ✓ ein blaues Tuch (als Bach)
- ✓ zwei Schneckenfiguren (als Schnecken)
- ✓ einen Stock (als Stock, mit dem die eine Schnecke davongetrieben ist)

https://bit.ly/3DJOnYJ
Link oder QR-Code
zum Audio-Guide

Erzählung:

(Zunächst den gelben Kreis auf den Boden oder den Tisch legen). Auf einer kleinen Insel wohnte eine Schildkröte ***(die Schildkröte auf den gelben Kreis stellen).*** Sie war noch nicht so groß wie die anderen Schildkröten, aber das störte sie nicht. Das Einzige, was sie richtig doof fand, war, dass sie so langsam war. Immer, wenn ein Vogel vorbeiflog oder ein Hase vorbeihüpfte, dachte sich die kleine Schildkröte, wie schön es doch wäre, schneller zu sein. Eines Tages ging die Schildkröte an dem kleinen Bach vorbei ***(das blaue Tuch eindrehen und quer über den gelben Kreis legen),*** der mitten über die Insel verlief, als sie ein leises Weinen hörte ***(eine Schnecke an ein Kopfende des Tuches setzen).*** *‚Nanu‘,* dachte sich die Schildkröte, *‚wer könnte das sein?‘* Sie verfolgte das Weinen ***(die Schildkröte langsam in Richtung der Schnecke bewegen)*** bis zu einer kleinen Schnecke. *„Hallo“,* sagte die Schildkröte, *„warum weinst du denn?“ „Oh, hallo“,* sagte die Schnecke, *„ich bin so traurig, weil mein Freund auf einen Stock gekrochen ist und er dann mit dem Stock in den Bach gefallen ist. Jetzt fährt er so weit, dass ich ihn nie wieder finden werde!“,* schluchzte die Schnecke. *„Na, na“,* sagte die Schildkröte, *„ich habe eine Idee und werde dir helfen. Ich bin zwar nicht das schnellste Tier, aber ich kann deinen Freund bestimmt einholen. Klettere auf meinen Rücken und dann ziehen wir los.“* Die Schnecke freute sich, dass ihr jemand helfen wollte. Sie kletterte auf den Rückenpanzer der Schildkröte ***(die Schnecke auf die Schildkröte setzen und beide parallel zum Tuch über die Insel bewegen)*** und die lief dann im Schildkrötentempo los. *„Oh, oh, oh!“,* rief die kleine Schnecke, *„nicht so schnell, ich bekomme ja einen Schreck.“* Die Schildkröte musste herzlich lachen und die Schnecke musste sich gut festhalten, aber dann sagte die Schildkröte: *„Mach dir keine Sorgen, ich passe schon auf uns auf!“* Sie liefen so lange den Bach entlang, bis die Schnecke rief: *„Anhalten! Da ist mein Freund!“* ***(den Stock an das andere Ende des Tuches legen und die zweite Schnecke darauflegen).*** Sie gingen auf einen kleinen Stock zu, an dem eine Schnecke hing ***(die Schildkröte mit der Schnecke zusammen zu dem Stock führen).*** *„Oh wie schön ist es, dich wiederzusehen!“,* rief die Schnecke vom Rücken der Schildkröte aus. Sie kroch so schnell sie konnte zu ihrem Freund ***(die Schnecke von der Schildkröte nehmen und zu der anderen Schnecke kriechen lassen)*** und rief, *„Danke liebe Schildkröte!“* Die Schildkröte machte sich auf den Heimweg ***(die Schildkröte wieder am blauen Tuch entlang auf die andere Seite der Insel führen)*** und freute sich, dass sie auch mal schnell war. Zumindest schnell genug, um der Schnecke zu helfen.

TITEL: MIAU STATT WAU

THEMA: *Du bist gut so, wie du bist*

REQUISITEN:

- ✓ eine Hundefigur aus Stoff oder Holz (als Pepe)
- ✓ einen Ball (zum Spielen)
- ✓ einen Wollknäuel (zum Spielen)
- ✓ einen kleinen und einen großen Stock (zum Spielen)

https://bit.ly/3QYQxX9
Link oder QR-Code
zum Audio-Guide

ERZÄHLUNG:

Ein kleiner Junge namens Felix wohnte mit seinen Eltern und seiner Schwester Lina in einem großen Haus, nahe an einem Wald. Doch Moment, da fehlte noch jemand – ihr Hund Pepe ***(die Hundefigur als „Pepe" auf den Boden oder auf den Tisch stellen).*** Pepe war ein toller Hund, er war weiß mit grauen Flecken, hatte große braune Augen und einen langen, zotteligen Schwanz. Es gab nur ein Problem mit Pepe – er war irgendwie ganz anders als alle anderen Hunde, die Felix und Lina kannten. Andere Hunde tollten wild im Park umher – Pepe lag lieber zu Hause auf der Fensterbank und sonnte sich. Andere Hunde holten freudig einen Ball zum Werfen ***(den Ball vor Pepe hin und her rollen)*** – Pepe spielte lieber allein mit einem Wollknäuel ***(Pepe etwas abseits stellen, ein Wollknäuel danebenlegen und Pepe damit herumrollen lassen).*** Andere Hunde suchten sich Stöckchen ***(den kleinen Stock vor Pepe halten und damit leicht herumwackeln)*** und zerknabberten das Holz – Pepe kratzte an Baumstämmen ***(den großen Stock senkrecht vor Pepe aufstellen und die Figur daran kratzen und hochklettern lassen)*** und versuchte, hinaufzuklettern. Andere Hunde legten sich auf den Rücken, ließen sich den kitzeligen Bauch kraulen und kratzten sich dann mit der Pfote ***(Pepe auf den Rücken legen und den Bauch kurz kraulen)*** – Pepe kam zum Kuscheln am liebsten auf den Schoß und begann, zu schnurren, sobald man ihn streichelte ***(Pepe auf den eigenen Schoß setzen und streicheln)***. Andere Hunde knurrten ***(laut knurren),*** wenn sie Gefahr witterten – Pepe machte einen ganz runden Rücken und fauchte, sobald er sich fürchtete ***(laut fauchen).*** Doch der größte Unterschied zwischen anderen Hunden und ihrem Pepe war ihr Verhalten, sobald jemand an der Haustür klingelte. Andere Hunde bellten ***(laut bellen)***, doch Pepe miaute ***(laut miauen)!*** *„Ein komischer Hund!"*, sagte Papa eines Abends, als Pepe wieder einmal auf Felix' Schoß lag und zu schnurren begann. *„Er benimmt sich so seltsam und ganz anders, als andere Hunde es tun!"*, pflichtete Mama ihm bei. Felix und Lina bekamen große Augen. *„So ein Blödsinn!"*, rief Felix laut. *„Nur weil Pepe anders ist, ist das doch nicht falsch!"*, betonte Felix. *„Pepe ist der beste Hund der Welt!"*, unterstützte Lina ihren Bruder. *„Er ist etwas ganz Besonderes!"*, riefen die Geschwister laut und kraulten Pepe am Kinn ***(Pepe am Kinn streicheln)***. *„Miau!"*, machte Pepe zufrieden und schnurrte noch etwas lauter.

TITEL: DER KLEINE LANGSCHNABEL

THEMA: *Du bist gut so, wie du bist*

REQUISITEN:

- ✓ mehrere Entenfiguren, eine mit langem Schnabel

(als Entenküken)

- ✓ blauen Stoff (als Teich)
- ✓ grüne Kreise aus Stoff oder Papier (als Seerosen)
- ✓ kleine Steine (als Steinhöhle)
- ✓ einen kleinen Ball, z. B. Tischtennisball (als Blüte)

https://bit.ly/3xCxqeA
Link oder QR-Code
zum Audio-Guide

Erzählung:

(Den blauen Kreis auf den Boden oder den Tisch legen und die grünen Kreise auf einer Seite des Kreises verteilen. Anschließend die kleinen Steine auf einer Seite zu einem kleinen Berg auftürmen). Mitten in einem Park lag ein großer See. In diesem See schwammen viele Fische und tauchten viele Frösche. Über dem See schwirrten viele Insekten und flogen viele Vögel. Es war ein herrlicher Ort. An diesem wunderschönen Ort lebte auch ein Entenpaar gemeinsam mit seinen sechs Entenküken ***(die Entenfiguren auf dem blauen Kreis in der Nähe der grünen Kreise verteilen).*** Die Entenküken tobten wieder einmal durch die Seerosen, die am Rande des Teiches schwammen. Einige spielten mit einer runden, kleinen Blüte, während die anderen Fangen spielten. *„Fang mich doch, du Langschnabel!"*, rief eines der Küken und schwamm blitzschnell vor seinem Geschwisterchen davon ***(eine der Enten schnell an den anderen vorbeischwimmen lassen).*** *„Ich bin kein Langschnabel!"*, quakte die kleine Ente wütend und steckte beschämt seinen Schnabel in das Wasser ***(die Ente mit dem langen Schnabel mit dem Kopf voran etwas ankippen).*** Tatsächlich hatten alle seine Geschwister einen kurzen, gelben Schnabel. Nur sein eigener Schnabel war orange und viel länger und schmaler als die der anderen Enten. Das störte das kleine Küken. Es hätte so gern einen normalen Schnabel gehabt, wie alle anderen Enten auch. *„Wieso muss ich nur so anders aussehen?"*, fragte es sich selbst und seufzte leise. *„Oh nein, unsere Blüte!"*, hörte es da plötzlich eines seiner Geschwister rufen ***(zwei der Enten vor den Steinberg stellen***). Die runde Blüte, mit der sie eben noch so ausgelassen gespielt hatten, steckte nun am Teichufer zwischen einigen Steinen in einer Art Höhle fest ***(den kleinen Ball oder die Murmel zwischen die Steine stecken).*** Eines der Küken versuchte, die Blüte mit den Flügeln zu erwischen, ein anderes versuchte, den Blütenball mit einem Stock herauszuholen, und ein drittes Küken versuchte, mit einem Stiel einer Seerose die Blüte herauszuangeln ***(drei der Enten nacheinander vor die Steine stellen und etwas hin und her wackeln lassen).*** Doch vergebens, keines der Küken hatte Erfolg. Die Blüte steckte noch immer tief zwischen den Steinen fest. Plötzlich hatte das kleine Entenküken eine Idee. Selbstbewusst schwamm es zu seinen Geschwistern ***(die Ente mit dem langen Schnabel zu den Steinen bewegen***). *„Lasst mal den Langschnabel sein Glück probieren"*, rief es und steckte seinen langen, dünnen Schnabel zwischen die Steine. Es schnappte sich die Blüte und zog sie vorsichtig zwischen den Steinen heraus ***(die Ente vor den Steinberg stellen, etwas hin und her wackeln und anschließend den Ball/die Murmel zwischen den Steinen herausziehen).*** *„Hurra!"*, freuten sich seine Geschwister. ***(Die anderen Enten kreisförmig um die Ente mit dem langen Schnabel stellen).*** *„Ein Hoch auf den Langschnabel!"*, riefen sie alle laut. *„Anders sein ist gar nicht so schlecht und mein langer Schnabel ist gar nicht so doof wie gedacht"*, dachte es und ließ sich stolz von seinen Geschwistern bejubeln.

TITEL: SPINNENNETZE

THEMA: *Tiergeschichte*

REQUISITEN:

- ✓ ein gewebtes Spinnennetz (als Netz)
- ✓ eine kleine Spinne (als Protagonistin)
- ✓ eine kleine Fliege aus Papier (als Insekt)
- ✓ blaue Papiertropfen (als Regen)
- ✓ bunte Schnipsel (als Blätter)
- ✓ etwas Glitzer (als Tau)

https://bit.ly/3DGCzGu
Link oder QR-Code
zum Audio-Guide

ERZÄHLUNG:

Jeden Abend, wenn die Sonne untergeht und die Kinder ihre Schlafanzüge anziehen und die Zähne putzen, komme ich aus meinem Versteck ***(die kleine Spinne auf den Tisch oder auf den Boden krabbeln lassen).*** Mein Versteck ist hoch in der Baumkrone des Apfelbaumes im Garten. Dort kann mich tagsüber kein Vogel und kein Mensch finden. Sobald jedoch die Abenddämmerung einsetzt, komme ich mit meinen acht Beinen herausgekrabbelt. Und dann geht die Arbeit los. Ich spinne von links nach rechts und von rechts nach links, von oben nach unten und von unten nach oben, hoch und runter, hin und her ***(die Spinne entsprechend der gesagten Richtung über den Boden bewegen).*** Immer weiter und immer größer. Und dann ist mein Netz fertig ***(das Netz auf den Tisch/den Boden legen).*** Toll, oder? Und nun muss ich warten. Geduldig sitze ich ganz still auf den klebrigen Fäden ***(die Spinne mittig auf das Netz setzen).*** Doch oje, was ist das? Dicke Regentropfen fallen vom Himmel ***(die Regentropfen auf das Netz fallen lassen)*** und machen mein schönes Netz kaputt. Manche Fäden sind gerissen, aber kein Problem. Sobald der Regen vorbei ist, krabble ich wieder los und spinne die Fäden neu ***(die Spinne auf dem Netz wieder hin und her bewegen).*** Toll, oder? Und nun muss ich wieder warten. Geduldig sitze ich ganz still auf den klebrigen Fäden ***(die Spinne mittig auf das Netz setzen).*** Doch oje, was ist das? Ein Sturm zieht auf. Starke Windböen rütteln an meinem Netz und reißen kleine Löcher hinein. Blätter werden hineingewirbelt und verheddern sich ***(die bunten Schnipsel auf das Netz fallen lassen).*** Aber kein Problem. Sobald der Wind vorbei ist, krabble ich wieder los und repariere die kaputten Stellen ***(die Spinne auf dem Netz wieder hin und her bewegen).*** Toll, oder? Und nun muss ich wieder warten. Geduldig sitze ich ganz still auf den klebrigen Fäden ***(die Spinne mittig auf das Netz setzen).*** Doch oje, was ist das? Etwas wackelt an meinem Netz. Es zittert und vibriert an den Fäden. Eine Mücke hat sich verfangen ***(die kleine Fliege auf das Netz setzen).*** Schnell krabble ich zu dem Insekt und webe es blitzschnell ein ***(die Spinne zu der Fliege bewegen und diese anschließend aus dem Netz nehmen).*** Mhhh, lecker. Und dann geht die Sonne auf. Ein sanfter Nebel legt sich über Wiesen und Felder und den Rasen. Tau bildet sich auf manchen meiner Fäden. Der glitzert in allen Regenbogenfarben ***(etwas Glitzer über das Netz streuen).*** Schön, oder?

TITEL: DIE VERWANDLUNG

THEMA: *Tiergeschichte*

REQUISITEN:

- ✓ eine kleine weiße Kugel (als Ei)
- ✓ eine Raupenfigur aus Holz (als Raupe)
- ✓ ein Stück grünen Stoff (als Blatt)
- ✓ eine rote Kirsche (als Obst zum Essen)
- ✓ einen grünen Apfel (als Obst zum Essen)
- ✓ eine gelbe Birne (als Obst zum Essen)
- ✓ eine blaue Pflaume (als Obst zum Essen)
- ✓ etwas Schnur (zum Umwickeln der Raupe als Kokon)
- ✓ einen Schmetterling aus Holz oder Papier (als Schmetterling)

https://bit.ly/3xAWjYo
Link oder QR-Code
zum Audio-Guide

ERZÄHLUNG:

Es lag einmal ein kleines weißes Ei auf einem großen grünen Blatt ***(die kleine weiße Kugel zeigen und auf den grünen Stoff legen).*** Das Ei war so winzig klein, dass man es nur sehen konnte, wenn man ganz genau hinsah und seine Augen sehr anstrengte. Eines Tages bewegte sich dieses Ei plötzlich ***(die kleine Kugel leicht hin und her rollen).*** Es wackelte sanft hin und her, bekam schließlich einen Riss und aus dem Ei kroch eine kleine weiße Raupe ***(das Ei vom Tisch nehmen und dafür die Raupe zeigen).*** Die Raupe kroch langsam über das Blatt und konnte nur an eines denken: Essen. Denn die Raupe war zwar kleiner als eine Maus, hatte jedoch einen Hunger, so groß wie ein Bär. Mit grummelndem Magen zog die kleine Raupe los ***(die Raupe langsam bewegen),*** um etwas zum Essen zu suchen. Auf ihrer Suche entdeckte sie zunächst eine rote, saftige Kirsche ***(die Kirsche in die Nähe der Raupe legen und diese zu der Frucht bewegen).*** Mit großen Bissen fraß sie sich durch das Obst. *„Das war lecker"*, dachte sich die Raupe. Sie war nun nicht mehr weiß, sondern hatte sich leicht schwarz gefärbt. Doch Hunger hatte sie immer noch, deshalb krabbelte sie weiter ***(die Raupe weiter krabbeln lassen).*** Sie entdeckte einen großen, grünen Apfel ***(den Apfel in die Nähe der Raupe legen und diese zu der Frucht bewegen).*** Mit großen Bissen fraß sie sich durch das Obst. *„Das war lecker"*, dachte sich die Raupe. Sie war nun nicht mehr klein, sondern war viel länger geworden. Doch Hunger hatte sie immer noch, deshalb krabbelte sie weiter ***(die Raupe weiterkrabbeln lassen).*** Auf ihrem Weg fand die Raupe nun eine gelbe, runde Birne ***(die Birne in die Nähe der Raupe legen und diese zu der Frucht bewegen).*** Mit großen Bissen fraß sie sich durch das Obst. *„Das war lecker"*, dachte sich die Raupe. Sie war nun nicht mehr dünn und schmal, sondern war richtig dick geworden. Doch Hunger hatte sie immer noch, deshalb krabbelte sie weiter ***(die Raupe weiterkrabbeln lassen).*** Zum Schluss fand die große dicke Raupe eine blaue, glänzende Pflaume ***(die Pflaume in die Nähe der Raupe legen und diese zu der Frucht bewegen).*** Mit großen Bissen fraß sie sich durch das Obst. *„Das war lecker"*, dachte sich die Raupe. Sie war nun nicht mehr hungrig, sondern pappsatt. Die Raupe krabbelte zurück zu ihrem Blatt ***(die Raupe zurück zu dem Blatt bewegen),*** hing sich kopfüber an die Unterseite des Blattes und webte sich ein ***(die Raupe kopfüber in die Höhe halten und mit dem Wollfaden umwickeln).*** Verpuppt hing sie dort für mehrere Tage. Eines Tages bewegte sich die Puppe plötzlich ***(die Puppe hin und her wackeln lassen).*** Der Kokon wackelte sanft hin und her, bekam schließlich einen Riss und heraus kam ein großer, bunter und wunderschöner Schmetterling ***(die Raupe weglegen und dafür den Schmetterling zeigen).*** Der Schmetterling krabbelte langsam über das Blatt und konnte nur an eines denken: Essen. Denn der Schmetterling war zwar immer noch kleiner als eine Maus, hatte jedoch wieder einen Hunger, so groß wie ein Bär. Mit grummelndem Magen zog der Schmetterling los, um etwas zum Essen zu suchen... ***(den Schmetterling davonfliegen lassen).***

TITEL: PICO TUT ES LEID

THEMA: *Tiergeschichte*

REQUISITEN:

- ✓ blaue Papierschnipsel (als Regen)
- ✓ kleine Katzenfiguren aus Holz oder Plüsch (als Katzenfamilie)
- ✓ etwas Heu (für den Heuboden)
- ✓ eine Leiter mit mehreren Sprossen (als Treppe)

https://bit.ly/3xE06UR
Link oder QR-Code
zum Audio-Guide

ERZÄHLUNG:

Pico war ein wilder kleiner Kater. Gemeinsam mit seinen Geschwistern und seinen Eltern lebte er auf einem großen Bauernhof ***(die Katzen alle auf den Tisch oder den Boden stellen).*** Hier spielte er die lustigsten Spiele und hier erlebte er jeden Tag die spannendsten Abenteuer. An einem verregneten Nachmittag war den Katzenkindern jedoch so richtig langweilig. In der Scheune hatten sie keine Mäuse gefunden, die sie hätten jagen können, und draußen war alles nass. Der Boden war voller Pfützen und der Himmel voller Regentropfen ***(die Schnipsel auf die Katzen regnen lassen und diese alle gemeinsam ein Stück weiter aufstellen)*** – und wenn kleine Katzen eines nicht mögen, dann Wasser. Brrrr.... *„Hey, lass uns doch auf den Heuboden schleichen"*, schlug Pico da vor. Seine Geschwister machten große Augen. *„Aber Mama und Papa haben doch gesagt, wir dürfen nicht auf den Heuboden"*, erwiderte Picos Schwester Bella. Und sein kleinerer Bruder Pepe warf ein: *„Die Treppe zum Heuboden ist doch kaputt, das ist viel zu gefährlich!" „Ihr Angsthasen"*, ärgerte Pico seine Geschwister und schon rannte er mutig zur Treppe ***(eine Katze zu der Leiter führen, die Leiter dabei schräg in die Höhe halten und das Heu darum verteilen),*** die den Heuboden hinaufführte. Pico blickte die steilen Stufen hinauf. In seinem Bauch begann es, zu kribbeln, und fast hätte ihn der Mut verlassen, doch als er sich zu seinen Geschwistern umdrehte und deren neugierige Blicke sah, hopste er die Treppe zum Heuboden hinauf ***(die Katze die Leiter hinaufhopsen lassen).*** Unter seinen kleinen Samtpfoten knirschte und knackte das Holz der Treppenstufen verdächtig. Als Pico auf die letzte Stufe sprang, krachte es plötzlich laut ***(die Katze auf die letzte Sprosse stellen und dabei laut „Krach" sagen).*** Mit einem großen Sprung rettete sich der kleine Kater auf den sicheren Heuboden ***(die Katze mit einem Sprung von der Leite springen lassen),*** doch die Treppenstufe zerbrach und fiel scheppernd zu Boden. Verunsichert und ängstlich schaute Pico vom Heuboden hinab in die Scheune. *„Oje, das ist wirklich ganz schön hoch"*, dachte er sich im Stillen. Da hörte er auch schon das aufgeregte Miauen seiner Geschwister ***(leise „miau" machen).*** *„Oh nein, Pico! Wie willst du nun herunterkommen?"*, fragte Pepe. *„Du musst nun bestimmt für immer dort oben bleiben!"*, rief seine Schwester Schnurri. Pico wurde heiß und kalt, in seinem Bauch begann es, zu kribbeln, und er spürte einen Kloß in seinem Hals. *„Bleib, wo du bist!"*, riefen seine Geschwister, *„Wir holen Mama und Papa!"* Pico stand allein auf dem Heuboden. Er schaute hinab in die Tiefe und hörte sein Herz laut klopfen. Er hatte Angst... Doch plötzlich hörte er ein vertrautes Schnurren hinter sich. Er drehte sich um und vor ihm stand sein Papa: *„Na Pico, was machst du denn wieder?"* ***(eine der Katzen hinter Pico in die Höhe halten***). Pico kullerte eine kleine Träne die Wange hinab, als Papa ihn behutsam im Nacken packte und mühelos die Balken und Stufen hinabkletterte ***(beide Katzen gemeinsam und langsam die Leiter hinabführen).*** Er setzte Pico vorsichtig auf dem Boden der Scheune ab. Er schaute Pico ernst an und sagte mit strenger Stimme: *„Pico, das war wirklich gefährlich! Ihr sollt doch nicht auf den Heuboden, das wisst ihr doch! Was da alles hätte passieren können! Ich weiß ja, du denkst, du bist mutig und schaffst immer alles, aber..." „Entschuldigung!"*, unterbrach Pico seinen Papa plötzlich. Überrascht verstummte Papa Katze und sah seinen Sohn verblüfft an. *„Es tut mir leid, Papa. Ich dachte, ich würde es allein schaffen, aber ihr hattet recht. Der Heuboden ist gefährlich und ab sofort werde ich auf euch hören und nichts Verbotenes mehr machen. Versprochen! Danke, dass du mir geholfen hast"*, flüsterte Pico. Zufrieden lächelte Papa und stupste Pico mit der Nase an. *„Danke für deine Entschuldigung. Und nun auf ins nächste Abenteuer, mein kleiner Entdecker"*, schnurrte er Pico ins Ohr ***(die beiden Katzen kurz aneinanderreiben).***

TITEL: DIE WEIHNACHTSMAUS

THEMA: *Weihnachten*

REQUISITEN:

- ✓ Hamsterfigur aus Holz oder Plüsch (als Hamster)
- ✓ Mausfigur aus Holz oder Plüsch (als Maus)
- ✓ Körner (als Futter)
- ✓ Steine (als Höhle aufbauen)
- ✓ Teelicht (als Kerze)

https://bit.ly/3drJEAa
Link oder QR-Code
zum Audio-Guide

Erzählung:

(Die Steine kreisförmig auf dem Tisch oder dem Boden aufbauen). Die Schneeflocken fallen leise vom Himmel. Ein kalter Wind weht durch die Straßen. Überall ist es dunkel. Doch halt, Moment. Nicht überall. In einer kleinen Maushöhle schimmert Licht. Eine Kerze steht in der Mitte der Höhle und taucht die Höhlenwände in warmes, gelbes Licht ***(das elektrische Teelicht in die Mitte des Tisches oder auf den Boden stellen).*** Vor der Kerze sitzt eine kleine Maus und schaut traurig in die züngelnde Flamme ***(die kleine Mausfigur vor das Teelicht setzen).*** *„Morgen ist Weihnachten"*, seufzt die kleine Maus. *„Das Fest der Besinnlichkeit und der Liebe... und ich? Ich sitze hier ganz allein in meiner Höhle und kann diesen besonderen Tag mit niemandem feiern."* Betrübt rollt sich die Maus zusammen. Eine Träne kullert ihre Wange hinab und die Maus schläft traurig ein. Am nächsten Tag ist die Maus genauso deprimiert wie am Tag zuvor. Lustlos knabbert sie am Nachmittag an einem Korn ***(ein Korn vor die Maus legen und diese leicht hin und her bewegen),*** als jemand zaghaft an ihre Höhlentür klopft ***(leise auf den Boden/den Tisch klopfen).*** *„Hallo?"*, ruft eine leise Stimme und ein kleiner Hamster steckt vorsichtig den Kopf in die Höhle ***(die Hamsterfigur zeigen).*** *„Hallo"*, sagt die kleine Maus. „Kann ich dir helfen?", fragt sie den Hamster. *„Letzte Nacht war ich unterwegs und habe Vorräte gesucht, als es plötzlich anfing, zu schneien. Ich war aber so sehr mit der Futtersuche beschäftigt, dass ich gar nicht bemerkt habe, wie viele Flocken vom Himmel fielen. Und als ich dann die Backen voll mit leckeren Körnern hatte, wollte ich mich auf den Rückweg in meine Hamsterhöhle machen. Doch der Schnee liegt nun so hoch, dass ich den Eingang zu meinem Bau einfach nicht mehr finden kann! Und das an Weihnachten..."*, schnieft der kleine Hamster und blinzelt eine große Kullerträne weg. *„Oje!"*, ruft die kleine Maus bestürzt, *„Wenn du möchtest, kannst du gern bei mir bleiben. Wenn die Sonne nachher herauskommt, schmilzt sie den Schnee sicher und dann findest du deinen Bau bestimmt wieder!" „Danke!"*, freut sich der Hamster. *„Magst du vielleicht ein paar Körner?"*, fragt er und leert seine dicken Hamsterbacken ***(einen kleinen Haufen Körner vor den Hamster legen).*** *„Unglaublich!"*, piepst die Maus, *„Das ist ja ein richtiges Festmahl!" „Ja, das sollte mein Weihnachtsessen werden"*, sagt der Hamster, *„aber zu zweit schmeckt es bestimmt noch besser"*, zwinkert er der Maus zu. Und zusammen setzen sich die beiden Nagetiere an die Kerze ***(Hamster und Maus eng nebeneinander vor das Teelicht setzen)*** und verspeisen genüsslich ihr Festmahl. Und als die Sonne untergeht, stimmen die zwei neuen Freunde gemeinsam ein Weihnachtslied an: *„Oh du fröhliche, oh du selige..."* ***(nach Belieben das Lied zu Ende singen und dabei die Maus und den Hamster sanft mitschunkeln lassen).***

TITEL: WEIHNACHTEN FÜR EINEN SCHNEEMANN

THEMA: *Weihnachten*

REQUISITEN:
✓ drei weiße Stoffkreise (als Schneekugeln) ✓ kleine Steine (als Knöpfe) ✓ eine Möhre aus Holz (als Schneemannnase) ✓ 2 Knöpfe (als Kohleaugen) ✓ einen dünnen, gebogenen Zweig (als Mund) ✓ ein kleines Glöckchen (zum Läuten) ✓ einen geschmückten Tannenbaum aus Papier (als Christbaum) ✓ einen Tannenzweig oder eine Tannenfigur aus Holz (als Christbaum für den Schneemann)

https://bit.ly/3DC1fjh
Link oder QR-Code zum Audio-Guide

Erzählung:

An einem kalten Wintertag toben ein paar Kinder durch den Schnee. Die Eiskristalle werden von den letzten Sonnenstrahlen des Tages beleuchtet und glitzern in allen Regenbogenfarben. Die Luft ist klar und kalt. Die Kinder tragen dicke Schuhe, warme Jacken und Mützen aus Wolle. Gemeinsam rollen sie gerade drei Kugeln aus Schnee durch den verschneiten Garten ***(die drei weißen Stoffkreise auf dem Tisch oder dem Boden hin und her schieben).*** Die Schneekugeln werden immer größer und größer. Als die drei Kugeln fertig sind, stapeln die Kinder gemeinsam die Kugeln aufeinander ***(die Stoffkreise übereinanderlegen, sodass ein Schneemann entsteht).*** Stolz bestaunen sie ihr Werk. Aber da fehlt doch noch etwas! Die Kinder laufen ins Haus und kommen mit zwei Kohlen und einer Möhre zurück ***(die zwei kleinen Knöpfe und die Holzmöhre zeigen).*** Diese stecken sie als Augen und Nase in die obere Kugel ***(wie beschrieben auf den obersten Stoffkreis legen).*** Eines der Kinder findet noch einen dünnen Zweig ***(den Zweig zeigen und als Mund auf den obersten Kreis legen),*** den sie als Mund für den Schneemann benutzen, und ein anderes Kind sammelt ein paar Steine und steckt sie als Knöpfe in die mittlere Kugel ***(die kleinen Steinchen wie beschrieben auf den mittleren Stoffkreis legen).*** Nun ist er fertig, der Schneemann. Plötzlich klingelt ein Glöckchen ***(mit dem Glöckchen läuten).*** Das Klingeln kommt aus dem Haus. *„Das Christkind war da!“*, rufen die Kinder und stürmen ins Haus. Der Schneemann bleibt allein zurück. *„Wo sind denn alle hin?“*, fragt er sich etwas betrübt. Doch da sieht er es bereits. Durch die großen Fenster kann der Schneemann in das Wohnzimmer des Hauses schauen, warm und gemütlich ist es und genau dort stehen nun die Kinder. Sie bestaunen einen großen, wunderschön geschmückten Tannenbaum ***(den geschmückten Christbaum zeigen).*** Unter dem Baum liegen viele Geschenke. Nun beginnt die Familie noch, ein schönes Lied zu singen. In dem Lied geht es um das Weihnachtsfest, Besinnlichkeit und Liebe. *„Das ist wunderschön!“*, denkt sich der Schneemann und schaut wie gebannt durch das Wohnzimmerfenster ins Haus. *„Schade, dass ich nicht mit ihnen zusammen Weihnachten feiern kann!“*, seufzt er leise. Da bemerkt er, dass die Haustür sich ein Stück öffnet. Die Kinder kommen aus dem Haus gelaufen und eines von ihnen hält in der Hand einen großen, bunt geschmückten Tannenzweig ***(den Tannenzweig zeigen).*** Die Kinder stecken den Tannenzweig vor dem Schneemann in den tiefen Schnee ***(den Zweig zu dem Schneemann legen).*** *„Jetzt gibt es doch ein Weihnachten für mich!“*, freut sich der Schneemann. *„Fröhliche Weihnachten“*, rufen die Kinder und tanzen Hand-in-Hand um den glücklichen Schneemann.

Gezielte Sprachförderung

Das Geschichtensäckchen fördert, wie bereits erwähnt, eine Vielzahl verschiedener Kompetenzen und hilft bei der (Weiter-) Entwicklung diverser Fähigkeiten. Der größte Schwerpunkt jedoch liegt auf der Möglichkeit der gezielten Sprachförderung. Während im regulären Krippen- oder Kita-Alltag die Sprache ganz automatisch in Form von Liedern, Spielen oder der allgemeinen zwischenmenschlichen Konversation genutzt und geübt wird, bietet die Methode des Geschichtensäckchens nicht nur eine „beiläufige Mitförderung", sondern ermöglicht darüber hinaus, mit Hilfe der richtigen Planung und Durchführung die Sprache der Kinder gezielt in den verschiedenen Bereichen der Sprachentwicklung fördern zu können. Die Methode des Geschichtensäckchens ermöglicht unter anderem eine Förderung in folgenden Bereichen der Sprachentwicklung:

- Aktivierung & Interaktion
- Wortschatzerweiterung
- Satzmuster erkennen & wiederholen
- Mehrsprachigkeit fördern

AKTIVIERUNG & INTEGRATION

Das Sprechen und die Sprache im Allgemeinen können nur durch eine aktive Kommunikation erlernt, trainiert und optimiert werden. Diese Kommunikation beginnt natürlich bereits vor dem Besuch einer Krippe oder dem Kindergarten. Die Kinder stehen hierbei täglich im kommunikativen Austausch mit ihren Mitmenschen. Dabei gilt: Je intensiver und häufiger der zwischenmenschliche Austausch und Kontakt stattfindet, umso besser entwickeln sich das Sprachverständnis und die Sprache der Kinder. Verbringt ein Kind beispielsweise viel Zeit vor elektrischen Medien, wie dem Fernseher oder Spielekonsolen, entwickelt sich auch die Sprache dementsprechend langsamer und schlechter. Der alltägliche kommunikative Austausch mit anderen Menschen setzt demnach bereits im frühkindlichen Alter den Grundstein für eine erfolgreiche Sprachentwicklung. Insbesondere Kinder, die bereits eine verzögerte Sprachentwicklung aufweisen, benötigen eine gezielte Sprachförderung in der Krippe oder der Kita. Hierbei ist es zunächst besonders wichtig, die Kinder aktiv in Gespräche einzubeziehen. Sobald die Kinder lernen, bewusst einem Gespräch folgen zu können, beginnen Sie auch, inhaltliche und thematische Verbindungen zu verstehen, und können selbst aktiv kommunizieren und innerhalb der Konversation interagieren. Dieses Einbringen wiederum verschafft eigene Spracherlebnisse und schult langfristig und nachhaltig die Sprachentwicklung. Das Geschichtensäckchen bietet eine eben solche Möglichkeit, die Kinder innerhalb eines inhaltlichen Themas abzuholen und einzubeziehen. Die erzählte Geschichte weckt das Interesse der Kinder, vermittelt themenbezogenes Wissen und animiert die Kinder zu einer gemeinschaftlichen Konversation und bietet Platz für einen Austausch.

Innerhalb der Sprachentwicklung spielt vor allem der Gebrauch der eigenen Sprache eine große Rolle. Um die eigene Sprache optimal nutzen zu können, müssen Kinder sowohl die Artikulation als auch den Wortschatz trainieren und weiterentwickeln. Die Artikulation umfasst hierbei die Wahrnehmung bestimmter Laute sowie die eigene Aussprache. Im frühkindlichen Entwicklungsverlauf ist es völlig normal, dass Kinder zunächst Fehler in der Artikulation ihrer Laute und Wörter machen. Diese falsche Aussprache wird jedoch in der Regel im Alltag dahingehend korrigiert, dass die Kinder durch das tägliche Hören und bewusste Wahrnehmen verschiedener Laute, Wortteile und Wörter sich selbst korrigieren und ihre eigene Aussprache schulen.

Ähnlich verhält es sich mit dem Wortschatz. Der Wortschatz umfasst eine bestimmte Anzahl an zur Verfügung stehenden Wörtern, die die Kinder kennen und nutzen können. In der Regel lernen die Kinder hierbei im Alltag stetig neue Wörter kennen und können diese mit der Zeit in der eigenen Sprache einsetzen und somit den Wortschatz stetig erweitern. Problematisch ist es jedoch, wenn im privaten und sozialen Bereich keine optimalen Bedingungen geschaffen werden, um eine korrekte Artikulation zu schulen, oder es keine Möglichkeiten zur Wortschatzerweiterung gibt. Dies kann beispielsweise der Fall sein, wenn im privaten Bereich des Kindes ausschließlich eine andere Sprache gesprochen wird als Deutsch. In diesen Fällen ist es besonders wichtig, die Artikulation zu verbessern und den Wortschatz des Kindes bewusst zu erweitern. Das Geschichtensäckchen ermöglicht in diesem Bereich eine kindgerechte Forder- und Förderung. So kann unter anderem durch die Auswahl der Geschichte der Wortschatzerwerb gezielt gelenkt und innerhalb bestimmter Themengebiete bewusst erweitert werden. Ebenso bietet es sich an, Wörter, die den Kindern Probleme bei der Artikulation bereiten, in die Geschichte zu integrieren und diese somit durch aktives Hören zu trainieren. Darüber hinaus ermöglicht der hohe Partizipationsanteil das spielerische Trainieren der korrekten Aussprache und den richtigen Gebrauch der neu erlernten Wörter.

SATZMUSTER & GRAMMATIK

Ein weiteres Element der Sprachförderung ist das Erkennen und Wiederholen von Satzmustern und damit einhergehend die richtige Anwendung der Grammatik. Satzmuster sind die strukturellen Rahmen verschiedener Satztypen innerhalb einer Sprache. Die Satzmuster beschreiben hierbei die grammatische Struktur einfacher Sätze, die aus den obligatorischen Satzelementen bestehen. In der deutschen Sprache unterscheidet man in sechs Hauptarten von Satzmustern. Je nach Art des Satzmusters werden die fünf grundlegenden Satzelemente (Subjekt, Verb, direktes Objekt, indirektes Objekt und Ergänzung) unterschiedlich kombiniert und ergeben so ein bestimmtes Satzmuster bzw. einen korrekten Satz.

Im Rahmen des Geschichtensäckchens hören die Kinder innerhalb der Erzählung verschiedene Formen der Satzmuster und lernen, diese unterbewusst zu erkennen und zu unterscheiden (ein Benennen oder eine bewusste und direkte Unterscheidung findet natürlich noch nicht statt, sondern wird erst im Schulverlauf thematisiert und erlernt). Darüber hinaus kann je nach Art der ausgewählten Geschichte ein bestimmtes Satzmuster explizit genutzt und wiederholt werden. Das Erkennen und Wiederholen der Satzmuster hilft den Kindern, die Zusammenhänge innerhalb des Sprachgebrauchs zu verstehen, so dass sie die Satzmuster auch in der eigenen Sprache richtig verwenden können und lernen, eine korrekte Grammatik zu bilden.

MEHRSPRACHIGKEIT FÖRDERN

In der heutigen Zeit sind Kinder, die mehrsprachig aufwachsen, keine Seltenheit mehr. In der Regel stellt das gleichzeitige Lernen mehrerer Sprachen für Kinder kaum Probleme dar. Kinder imitieren die Wörter, die ihnen im Alltag vorgesprochen werden, sprechen Sätze nach, leiten Regeln ab und praktizieren einen kreativen Wechsel mit verschiedenen Sprachen. Dieser angeborene Umgang mit sprachlicher Vielseitigkeit muss jedoch, ebenso wie die Sprachentwicklung an sich, von den Mitmenschen toleriert, akzeptiert und gefördert werden. Der Spracherwerb von mehrsprachig aufwachsenden Kindern verläuft hierbei im Vergleich zu dem von einsprachig aufwachsenden Kindern etwas langsamer. Dennoch profitieren Kinder im Allgemeinen davon, mehrere Sprachen zu hören, zu verstehen und zu erlernen. Insbesondere in sozialen Einrichtungen wie der Krippe, dem Kindergarten oder auch der Schule sorgt die Einbeziehung der Mehrsprachigkeit zudem für zusätzliche Akzeptanz innerhalb der Gruppengemeinschaft und wirkt sich positiv auf die Dynamik und den Zusammenhalt aus.

Nutzen Sie dies, indem Sie für das Geschichtensäckchen eine Geschichte auswählen, die einige Wörter bzw. Sätze in der gewünschten Fremdsprache enthalten. Hierbei ist es wichtig, die Kinder zunächst langsam an die Sprache heranzuführen und den Anteil der Fremdsprache zunächst noch sehr gering zu halten. Darüber hinaus sollten neue Wörter und Begriffe ausreichend erklärt und thematisiert werden, sodass die Kinder diese auch wirklich verstehen, begreifen und verinnerlichen können. Dies hat zum Ergebnis, dass die Kinder ein Verständnis für die zunächst fremde Sprache entwickeln, den Klang und den Rhythmus der Wörter und Satzmuster kennenlernen und nach einigen Wiederholungen sogar selbst erste Wörter verwenden und innerhalb des eigenen Sprachgebrauchs nutzen können. Bei der Einbeziehung der Mehrsprachigkeit in die Methode des Geschichtensäckchens sollten Sie zudem auf folgende Punkte besonders achten:

- Führen Sie die Kinder behutsam und bedacht an die neue Sprache heran und steigern Sie den Anteil der Fremdsprache innerhalb der Geschichten nur langsam.

- Achten Sie darauf, dass die Fremdsprache in der Geschichte korrekt verwendet wird (beispielsweise ist eine spanische Maus mit Sprachfehler ungeeignet, um den Kindern korrektes Spanisch zu vermitteln).

- Wörter und insbesondere Sätze in der Fremdsprache sollten ausführlich und deutlich formuliert sowie grammatikalisch korrekt gebildet sein (zum Beispiel keine Babysprache verwenden oder Slang sowie Dialekte nutzen).

- Insbesondere Melodien oder Reime helfen den Kindern dabei, sich an die zunächst fremden Wörter zu erinnern und ein Gefühl für den Wortklang sowie die Satzmuster zu bekommen.

- Führen Sie nach Abschluss der Erzählung eine besonders intensive Nachbereitung und Anschlusskommunikation durch. Nutzen Sie bei Bedarf gezielt die W-Fragen (Wo, Wie, Was, Wer, Warum), um das Verständnis der Kinder prüfen und gegebenenfalls unklare Begriffe nochmals erläutern zu können.

Tipps & Tricks für die erfolgreiche Durchführung

Im Folgenden finden Sie ein paar einfache und dennoch wertvolle Tipps und Tricks, um die Methode des Geschichtensäckchens erfolgreich und bestmöglich durchführen zu können.

Ruhige Atmosphäre

Eine ruhige und fokussierte Atmosphäre ist für das Ritual des Geschichtensäckchens enorm wichtig. Nur wenn die Kinder ruhig und entspannt sind, können sie sich auf die Erzählung konzentrieren und fokussiert zuhören, wahrnehmen, verstehen und partizipieren. Sorgen Sie deshalb bereits vor Beginn der Geschichte dafür, dass die Kinder ausgeglichen und entspannt sind. Gegebenenfalls kann es helfen, die Kinder zunächst noch ein Bewegungsspiel spielen zu lassen, um die Gemüter der Gruppe auszulasten und den Bewegungsdrang zu stillen. Sobald die Kinder eine ruhige und ausgeglichene Grundstimmung haben, können Sie mit dem Ritual des Geschichtensäckchens starten.

Signal zu Beginn bzw. zum Ende der Geschichte

Klare Strukturen und wiederkehrende Abläufe helfen den Kindern nachweislich, sich an Rituale zu gewöhnen. Feste Strukturen geben den Kindern Sicherheit und ermöglichen somit eine aktive Teilnahme und legen dadurch den Grundstein für eine wissensbasierte Weiterentwicklung. Aus diesem Grund ist es ratsam, das Geschichtensäckchen mit einem Signal zu starten und auch zu beenden. Dieses Signal sollte stets gleich sein und die Kinder sanft, aber eindeutig darauf hinweisen, dass die Methode des Geschichtensäckchens nun beginnt bzw. endet. Hierbei können Sie selbst entscheiden, ob Sie ein nonverbales Signal, beispielsweise in Form eines Triangel-Schlags oder eines Gongs, wählen oder lieber ein verbales Signal nutzen möchten. Für das verbale Signal gibt es ebenfalls diverse Möglichkeiten. Sie können beispielsweise mit einem bestimmten Lied oder Reim das Ritual starten bzw. beenden oder auch mit einem einfachen Satz, wie zum Beispiel „Die Geschichte beginnt/endet". Des Weiteren können Sie Kinder, die diese Methode bereits kennen, zusätzlich in das Signal integrieren und dieses gemeinschaftlich ausführen.

Die richtigen Requisiten

Nicht nur die Auswahl einer geeigneten Geschichte ist entscheidend, sondern auch die Verwendung der Materialien und Requisiten ist von zentraler Bedeutung. Achten Sie darauf, Materialien zu wählen, die den Kindern helfen, einen direkten Bezug zu der Erzählung herstellen zu können. Dennoch sollten die Requisiten nicht zu vorgebend sein, so dass die Fantasie der Kinder weiterhin gefordert wird. *Ungeeignete Materialien* sind beispielsweise elektronische Spielzeuge oder Figuren/Puppen bekannter Serien oder Filme. *Geeignete Materialien* sind Holzfiguren, einfache Stofftiere, schlichte Puppen, Naturmaterialien sowie verschiedene Stoffreste.

Aufbewahrung der Geschichtensäckchen

Viele Kinder finden es angenehm, wenn sie auch in die Vorbereitung der Rituale und Abläufe einbezogen werden und diese miterleben und nachvollziehen können. Es kann also von Vorteil sein, die Kinder auch beim Holen bzw. Wegbringen der Geschichtensäckchen zu integrieren. Hierfür ist ein bestimmter Aufbewahrungsort für die Geschichtensäckchen nötig, an dem die Kinder das gewünschte Säckchen abholen und zurückbringen können. Je nach Art des Säckchens eignet sich dafür beispielsweise eine kleine Garderobe, an der die Geschichtensäckchen gesammelt und aufgehängt werden. Dieser feste Aufbewahrungsort schließt das Ritual des Geschichtensäckchens in seiner Vor- und Nachbereitung ab und ermöglicht eine vollständige Einbeziehung der Kinder.

Bonus: DIY – Nähanleitung für das Geschichtensäckchen

Selbstgemachte Geschichtensäckchen haben nicht nur einen besonderen Charme, sondern bieten auch die Möglichkeit, das Thema der Geschichte bereits mit einem optisch passenden Design des Säckchens zu unterstützen. Damit Sie sowohl als Nähanfängerin als auch als Profi an der Nähmaschine die Möglichkeit haben, eigene Geschichtensäckchen ganz individuell nach Ihren Vorstellungen fertigen zu können, gibt es hier eine detaillierte Schritt-für-Schritt-Näh-Anleitung für ein kleines Säckchen.

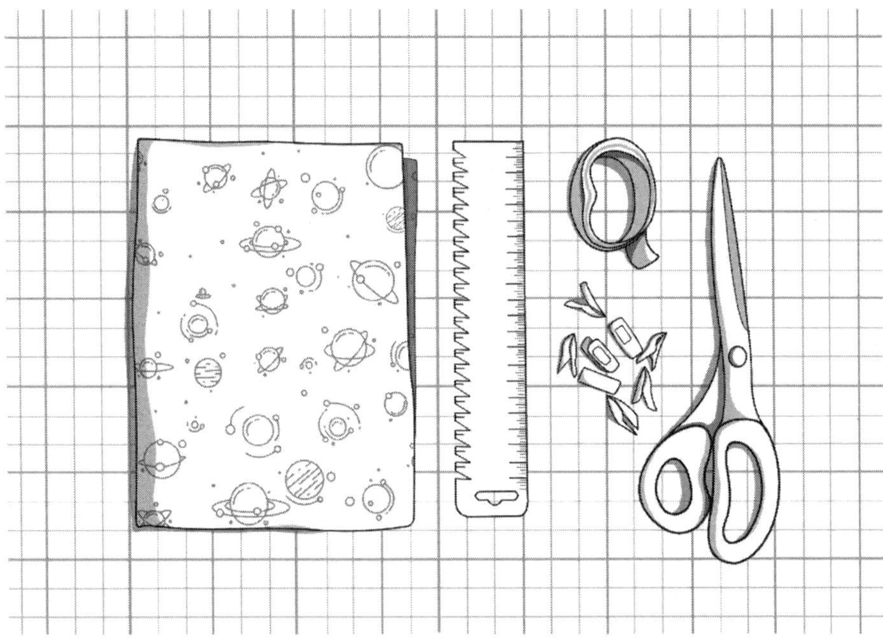

Folgendes Material wird für ein Säckchen benötigt:

- Ein Stück Stoff mit Ihrem Wunschmotiv in den Maßen 60 x 20 cm (der Stoff sollte hierbei nicht zu dünn oder zu dick sein, damit er sich gut verarbeiten lässt. Ideal sind beispielsweise Baumwolle, Jersey oder Leinen.)
- Eine Kordel in 120 cm Länge
- Eine Sicherheitsnadel
- Ein Maßband
- Eine Schere
- Stoffklammern oder Stecknadeln
- Ein Bügeleisen und ein Bügelbrett
- Farblich passendes Nähgarn
- Eine Nähmaschine

Schritt 1:

Legen Sie das Stück Stoff mit den Maßen 60 x 20 cm auf eine geeignete Arbeitsfläche. Nun halbieren Sie den Stoff mit Hilfe der Schere, so dass sich zwei Stücke mit jeweils 30 cm Breite und 20 cm Höhe ergeben. Versäumen Sie beide Stoffstücke mit Hilfe eines Zick-Zack-Stichs, damit der Stoff nicht ausfransen kann. Sparen Sie hierbei jeweils die oberen Kanten aus.

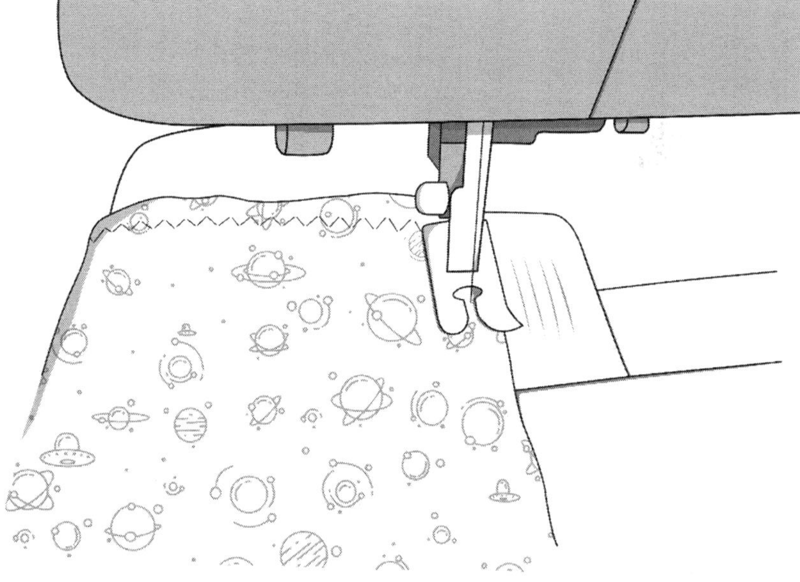

Schritt 2:

Nach dem Versäumen nehmen Sie die beiden Stoffhälften und messen von der oberen Kante aus 4 cm nach unten. Markieren Sie auf beiden Stoffteilen die abgemessene Kante mit Stecknadeln.

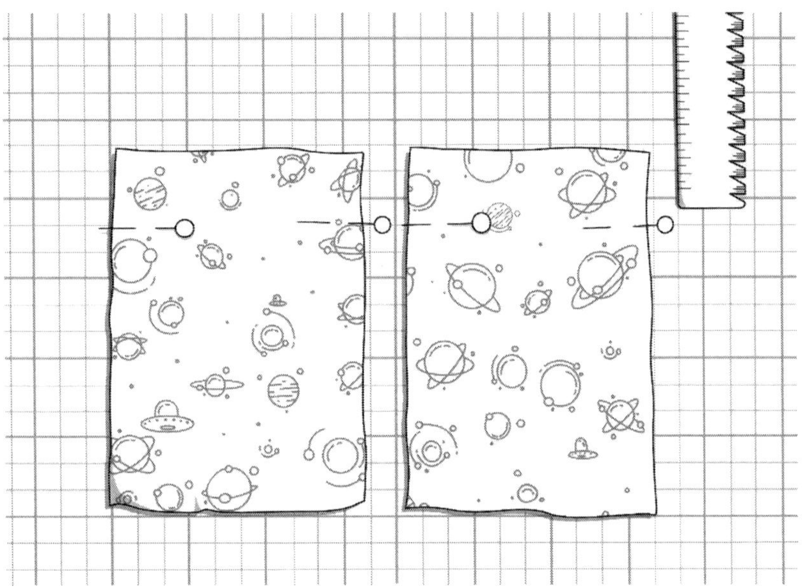

Schritt 3:

Legen Sie nun eines der Stoffteile mit der rechten Seite auf die rechte Seite des anderen Stoffstücks. Fixieren Sie anschließend beide Stoffelemente mit den Stoffklammern.

Schritt 4:

Stellen Sie die Nähmaschine auf einen einfachen Steppstich ein und nähen Sie mit ca. 1 cm Abstand zum Rand von der einen gesetzten Stecknadel rundherum bis zu der anderen Stecknadel. Achten Sie hierbei darauf, dass die obere Kante frei bleibt. Dies wird die spätere Öffnung des Säckchens.

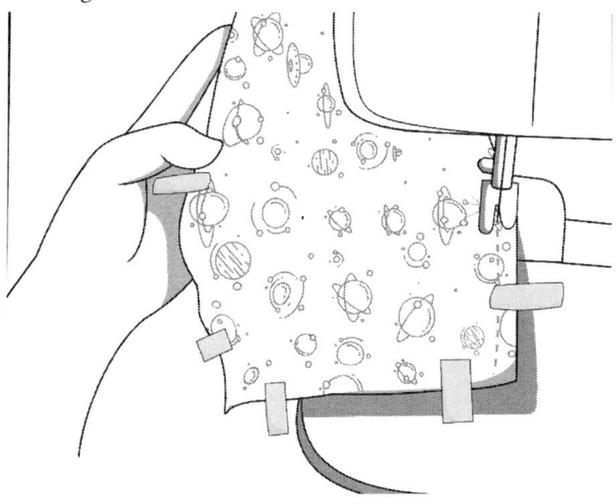

Schritt 5:

Legen Sie den vernähten Stoff auf das Bügelbrett, erhitzen Sie Ihr Bügeleisen und klappen Sie die 1 cm-Nahtzugabe nach innen ein. Bügeln Sie die Nahtzugabe nun mit Hilfe des Bügeleisens um. Wiederholen Sie den Schritt ebenfalls auf der anderen Seite.

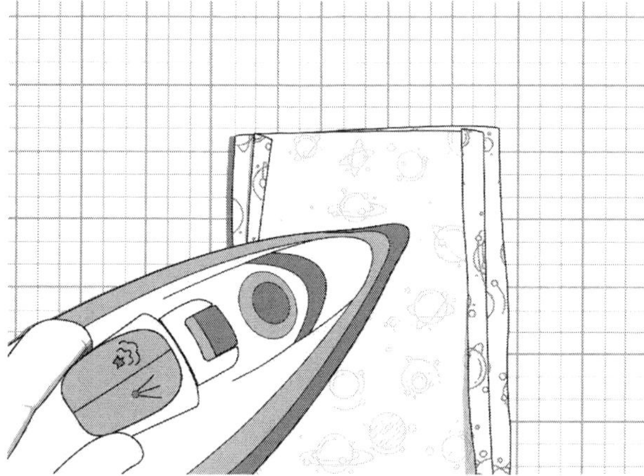

Schritt 6:

Als Nächstes klappen Sie die obere Kante ca. 0,5 cm ein und bügeln diese ebenfalls um.

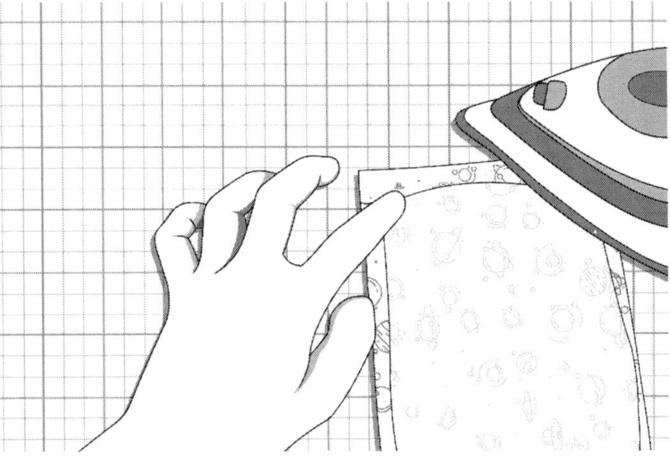

Schritt 7:

Abschließend klappen Sie die obere Kante auf beiden Seiten jeweils bis zu den Stecknadeln ein und bügeln diese nochmals um. Nach dem Umbügeln fixieren Sie die umgeklappten Kanten noch zusätzlich mit Stecknadeln, damit sich nichts mehr zurückklappen kann.

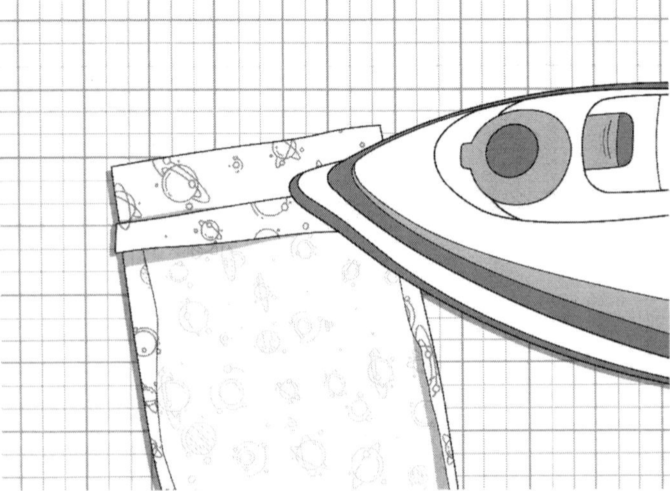

Schritt 8:

Nähen Sie nun mit Hilfe der Nähmaschine die umgeschlagenen Kanten rundherum knapp kantig fest. Durch dieses Vernähen entsteht an der oberen Öffnung des Säckchens nun eine Art Tunnel.

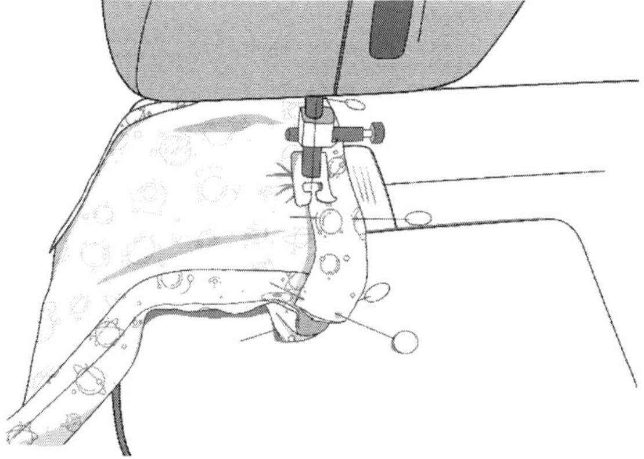

Schritt 9:

Zum Schluss entfernen Sie alle Stecknadeln und Klammern. Fassen Sie in das Säckchen, greifen Sie den Boden und stülpen Sie den Stoff einmal um, so dass die rechte Stoffseite nach außen kommt. Nun nehmen Sie die Kordel und befestigen an einem Ende eine Sicherheitsnadel. Schieben Sie die Sicherheitsnadel in den Tunnelzug des Säckchens und schieben Sie sie Stück für Stück hindurch. Sobald die Kordel aus der anderen Tunnelöffnung herauskommt, können Sie die Sicherheitsnadel entfernen, die Kordel festziehen und verknoten.

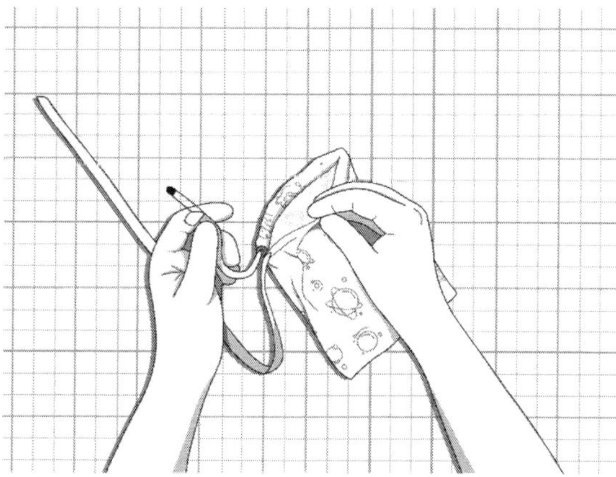

Fertig ist Ihr ganz eigenes und individuelles Geschichtensäckchen.

… Und Ende

Abschließend lässt sich zusammenfassen, dass das Geschichtensäckchen eine vielseitige und kindgerechte Möglichkeit bietet, Kinder im Krippen- und Kindergartenalter spielerisch und alltagsintegriert in ihrer Entwicklung zu fördern. Die Methode des Geschichtensäckchens ist dabei je nach individuellen Themen- oder Schwerpunktwünschen wandel- und einsetzbar. Das Geschichtensäckchen fördert das aktive Zuhören, das bewusste Wahrnehmen und regt darüber hinaus die Fantasie der Kinder an. Des Weiteren werden durch den Inhalt der gewählten Geschichte sowie das soziale Miteinander und den Austausch innerhalb der Gruppe diverse soziale Kompetenzen erlernt und weiterentwickelt.Die Kinder bekommen die Möglichkeit, eigene Gefühle kennenzulernen und wahrzunehmen, was wiederum die Empathiefähigkeit der Kinder nachhaltig schult. Darüber hinaus stellt das Geschichtensäckchen eine ideale Methode dar, die Sprachentwicklung der Kinder gezielt und dennoch spielerisch zu fördern. Insbesondere im Hinblick auf Artikulation, Wortschatzerweiterung sowie Satzmuster und Grammatik bietet das Geschichtensäckchen eine passende Option für eine individuell angepasste und bewusste Förderung. Für Sie als Erzieher:in stellt das Geschichtensäckchen demnach eine zielgerichtete, nachhaltige und alltagsintegrierte Methode zur Entwicklungs- sowie insbesondere zur Sprachförderung der Kinder Ihrer Gruppe dar. Für die Kinder ist das Geschichtensäckchen ein Spaß bringendes Ritual in Form einer spannenden Erzählung, in Kombination mit aufregenden Requisiten, verpackt in einem bunten Säckchen. So leicht kann kindgerechte Förderung sein, denn:

„Die größte Kunst ist, den Kindern alles,
was sie tun oder lernen sollen,
zum Spiel zu machen."

John Locke (1632-1704)